ACCESO GRATIS *a la Lectura en la Nube*

Para visualizar el libro electrónico en la nube de lectura envíe junto a su nombre y apellidos una fotografía del código de barras situado en la contraportada del libro y otra del ticket de compra a la dirección:

ebooktirant@tirant.com

En un máximo de 72 horas laborables le enviaremos el código de acceso con sus instrucciones.

POLÍTICAS MIGRATORIAS EN EL MERCOSUR

Hallazgos y desafíos

Procedimiento de selección de originales, ver página web:
www.tirant.net/index.php/editorial/procedimiento-de-seleccion-de-originales

POLÍTICAS MIGRATORIAS EN EL MERCOSUR

Hallazgos y desafíos

Pablo Biderbost
Guillermo Boscán Carrasquero
Castellar Granados

tirant lo blanch
Valencia, 2025

EDITA: TIRANT LO BLANCH
C/ Artes Gráficas, 14 - 46010 - Valencia
TELFS.: 96/361 00 48 - 50
FAX: 96/369 41 51
Email: tlb@tirant.com
www.tirant.com
Librería virtual: www.tirant.es
DEPÓSITO LEGAL: V-4809-2025
ISBN: 979-13-7010-800-7

Si tiene alguna queja o sugerencia, envíenos un mail a: *atencioncliente@tirant.com*. En caso de no ser atendida su sugerencia, por favor, lea en *www.tirant.net/index.php/empresa/politicas-de-empresa* nuestro procedimiento de quejas.

Responsabilidad Social Corporativa: *http://www.tirant.net/Docs/RSCTirant.pdf*

Índice

1. Introducción

El estudio de las políticas de integración de personas migrantes ha cobrado creciente relevancia en el contexto latinoamericano, impulsado por los cambios en los flujos migratorios, la diversificación de los perfiles de los migrantes, y la necesidad de repensar el rol del Estado en la garantía de derechos. Aunque tradicionalmente los países del Mercosur no han sido considerados destinos migratorios predominantes, los cambios en la dinámica regional e internacional han convertido a Argentina, Brasil, Paraguay y Uruguay en territorios receptores de personas migrantes en busca de protección, trabajo, reunificación familiar y oportunidades de desarrollo. En este contexto, se vuelve indispensable desarrollar instrumentos que permitan analizar comparativamente las políticas de integración adoptadas por estos países.

El Migrant Integration Policy Index (MIPEX) representa, en este sentido, una herramienta valiosa para medir y comparar los marcos normativos y políticos que inciden en la integración de migrantes en distintas dimensiones de la vida social. Desarrollado originalmente para el contexto europeo y aplicado también en países tradicionalmente receptores como Canadá, Australia o Nueva Zelanda, este índice ofrece una aproximación estructurada al análisis de políticas migratorias en ocho áreas clave: movilidad laboral, educación, participación política, nacionalidad, reunificación familiar, salud, residencia permanente y antidiscriminación. La aplicación del MIPEX permite no solo identificar fortalezas y debilidades en los marcos normativos nacionales, sino también promover estándares comunes de inclusión y fomentar la convergencia de buenas prácticas.

El presente documento constituye la primera aplicación metodológica del MIPEX a países de América Latina, específicamente a los Estados fundadores del Mercosur. Este ejercicio ha sido posible gracias al apoyo de la Fundación Konrad Adenauer y se inscribe en un esfuerzo más amplio por adaptar metodologías desarrolladas en contextos europeos y anglosajones a realidades institucionales, culturales y sociales diferentes. En efecto, una de las principales motivaciones de esta investigación ha sido evaluar la pertinencia y aplicabilidad de los indicadores originales del MIPEX al contexto latinoamericano, así como proponer ajustes que reflejen las particularidades de los marcos jurídicos y administrativos de la región.

Es imprescindible, en este punto, expresar nuestro agradecimiento a la Universidad Pontificia Comillas, institución que hizo posible esta publicación mediante su valioso apoyo financiero. Asimismo, extendemos un reconocimiento especial al sello editorial Tirant lo Blanch, editorial de referencia en el ámbito jurídico y de las ciencias sociales, actualmente ubicada en el cuartil Q1 del ranking SPI del CSIC, por su confianza en este proyecto y por facilitar su difusión académica internacional.

A lo largo del informe, se analiza la posición relativa de cada país en el ranking general y se desagregan los resultados por dimensiones e indicadores. Uruguay encabeza la clasificación general, destacándose por sus políticas laborales inclusivas y su marco legal robusto en materia de derechos sociales. Le siguen Argentina y Paraguay, con fortalezas en áreas como la participación política y la residencia permanente. Brasil, si bien presenta desafíos en diversas dimensiones, muestra avances significativos en reagrupación familiar y en el reconocimiento legal de vínculos familiares diversos. En todos los casos, el análisis revela una tendencia general a reconocer derechos de manera formal, aunque con niveles variables de implementación y cobertura.

El estudio también resalta que varios de los indicadores desarrollados originalmente para el contexto europeo requieren adaptaciones para reflejar adecuadamente la realidad de los países del Mercosur. Aspectos como el acceso a becas, la convalidación de títulos, o las políticas de integración específicas para mujeres y jóvenes muestran vacíos o enfoques parciales en las legislaciones nacionales. Por ello, uno de los aportes centrales del presente trabajo es el desarrollo de una propuesta de adecuación metodológica que permita avanzar hacia una medición más contextualizada y útil para la formulación de políticas públicas en América Latina.

Sobre este trabajo, resulta importante destacar dos cuestiones relevantes. La primera de ellas es que sus redactores, con sus hallazgos, participaron en el primer workshop internacional sobre hallazgos sobre políticas públicas de migraciones en las Américas organizado por la Fundación Cidob (noviembre 2020). Sus insumos contribuyeron a delinear y complementar los hallazgos que, desde la institución madre del índice, se habían producido sobre estos países con relación a este índice. Ello derivó en la publicación de un breve libro del que los autores de estas líneas también son coautores junto a expertos de diferentes países[1]. En segundo lugar, para el acceso a información que permitió catalogar a los países resultó fundamental, entre otras estrategias, el hacer uso de las legislaciones de transparencia y de acceso a la información pública[2] en vigor en cada nación. En algunos casos, la información solicitada fue enviada de manera casi instantánea. En otros casos, la misma jamás llegó a mano del equipo investigador.

---

1 Este libro se encuentra disponible en el siguiente link: https://dialnet.unirioja.es/servlet/libro?codigo=789996

2 Estas estrategias resultaron efectivas para la mayoría de las dimensiones exploradas aunque no, como puede apreciarse, en el caso de las políticas públicas de naturaleza antidiscriminación

Probablemente, el mayor mérito de este libro radica en el hecho de que para cada subdimensión del índice MIPEX se ha identificado (e incorporado al texto) el articulado legal o constitucional que permite construir la validación cuantitativa del desempeño nacional. Es decir, los valores atribuidos a cada país son derivados, siguiendo la metodología original, a partir de evidencia jurídica existente. Naturalmente, puede haber errores de calibración a partir de percepciones diferenciadas (según expertos o disciplinas) pero la performance de cada estado no ha sido catalogada de manera arbitraria[3].

Finalmente, este informe busca aportar evidencia empírica y conceptual al debate sobre integración migratoria en el Cono Sur, contribuyendo a una agenda de políticas públicas más inclusiva, basada en evidencia y sensible a los derechos humanos. A través del análisis comparado y del diálogo con estándares internacionales, se aspira a fortalecer las capacidades de los Estados para garantizar condiciones dignas de vida a las personas migrantes y promover sociedades más cohesionadas.

Los editores, Salamanca (España), primavera de 2024.

---

3 A lo largo de la preparación del manuscrito, en el proceso de compartirlo con colegas, resulta interesante observar como quienes critican al Uruguay (por sus peculiares maneras de conceder la nacionalidad) no deseaban reconocerle otros méritos diferenciales al interior de esta propia área concreta de integración.

2. *MIPEX y MERCOSUR*

Vivimos en un momento en el que el fenómeno migratorio ocupa las primeras planas de actualidad alrededor del mundo y son muchos los debates sobre cómo gestionar las políticas públicas destinadas a integrar a los recién llegados en la sociedad de destino. Sin embargo, a pesar de la tardía llegada de la Ciencia Política a su estudio, los movimientos migratorios no son un hecho reciente sino que han estado presentes desde los primeros albores de la civilización y han marcado en gran medida el devenir de muchas sociedades. La manera en la que las comunidades receptoras han acogido estos flujos y han promovido su integración se traduce en la creación de políticas públicas que permiten a los inmigrantes gozar de una serie de condiciones en diferentes dimensiones de la vida sociopolítica de la sociedad de acogida. Así, uno de los principales focos de atención en el estudio de las migraciones para los politólogos es el análisis de cómo los Estados diseñan y gestionan estas políticas.

El **Migrant Integration Policy Index (MIPEX)** es un índice que ha permitido comparar exitosamente la evolución de las políticas de integración de inmigrantes tanto en los países que componen la Unión Europea como en otros Estados que recientemente se han convertido en destino migratorio (Corea del Sur, Japón y Turquía) y en naciones que han sido consideradas históricamente *traditional settlement societies* (como Australia, Canadá o Nueva Zelanda) en la terminología especializada. Se trata de una iniciativa que cuenta ya con múltiples ediciones y forma parte de un excelente proyecto de investigación de carácter abierto y en permanente proceso de transformación liderado por CIDOB Foundation y Migration Policy Group.

En la actualidad, este índice recoge información acerca de 38 países en materia de gestión de integración de la inmigración. Estos datos cubren un total de 167 indicadores que corresponden a diferentes dimensiones de política pública (movilidad en el mercado de trabajo, educación, participación política, acceso a la nacionalidad, reunificación familiar, salud, residencia permanente y antidiscriminación) y que permiten comparar la realidad política en materia de integración de inmigrantes en diferentes Estados.

En este documento, gracias al apoyo de la Fundación Konrad Adenauer en Montevideo, se presentan los resultados de un proyecto puntual de investigación que pretende analizar el marco metodológico utilizado en la construcción de este índice con el objetivo de sugerir mejoras y adaptaciones para que pueda resultar factible la incorporación de la medición de estas políticas también en relación con países latinoamericanos. A partir de las adaptaciones sugeridas, se ha realizado una primera aplicación a la realidad de los cuatro Estados originarios del Mercosur (Argentina, Brasil, Paraguay y Uruguay) y se han discutido y problematizado los hallazgos. Es importante destacar que ésta es la primera aplicación del índice MIPEX a la realidad de los países latinoamericanos. Así, este proyecto de investigación se presenta como una herramienta que contribuye al conocimiento en la disciplina sobre integración de los inmigrantes en la región y analiza qué adaptaciones requiere el MIPEX para poder ser también aplicado a la realidad política latinoamericana.

En los próximos acápites, se comparten los avances sobre los hallazgos producidos. Se discute también lo que éstos implican en materia de definición de agenda de políticas públicas con foco en gestión de los flujos migratorios. Parte de los datos aquí recopilados fueron, en su día recogidos, con el apoyo de la Fundación Konrad Adenauer (IB18-011 BERATUNG INTEGRATIONSPOLITIK IN LATEINAMERIKA C309218034). Los datos recogidos reflejan la información correspondiente al trienio 2018-2021. El texto presenta también en apartados puntuales las conclusiones parciales, a las que se llegó durante el proceso, en relación a tres dimensiones de especial relevancia en los procesos migratorios: participación política, acceso a la nacionalidad de la sociedad de acogida y facilidades para la obtención de la residencia permanente en el Estado de destino.

3. Hallazgos. Desde lo global a lo particular

RANKING GLOBAL

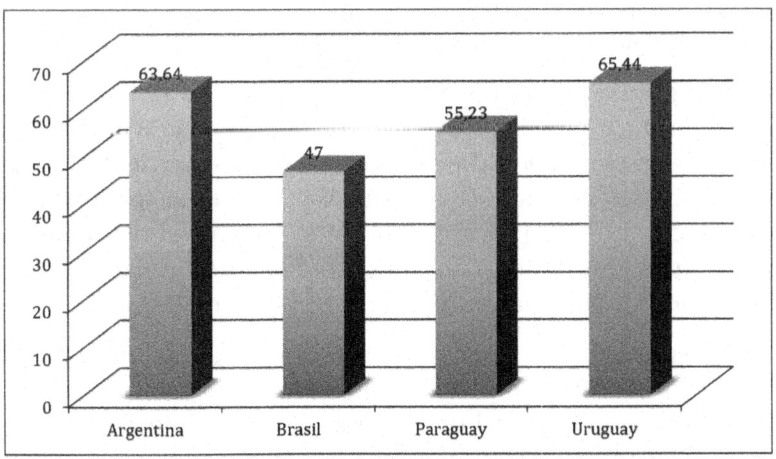

Fuente: Elaboración propia a través de los datos obtenidos en nuestra investigación utilizando la metodología MIPEX.

Tras haber realizado un análisis comparativo entre los cuatro países originarios del Mercosur haciendo uso de la metodología MIPEX se han arrojado los resultados que presentamos a continuación. El presente ranking se ha realizado promediando los resultados obtenidos en cada una de las áreas de política pública consideradas por los artífices de este índice (a excepción de la de anti discriminación donde debido a la limitación de menciones en la legislación pertinente de cada país aún nos encontramos a la espera del envío de datos por parte de las agencias de gobierno pertinentes de cada Estado. Por tanto, debemos considerar que, aunque difícilmente los nuevos datos consigan variar en gran medida los hallazgos aquí reflejados, estos datos son preliminares.

Como se muestra en el gráfico superior, en términos generales, Uruguay es el país que lidera la prueba con una puntuación global de 65 sobre 100. El país oriental se despunta del resto de sus vecinos latinoamericanos en áreas como el acceso al mercado de trabajo, a la educación o la ciudadanía legal (variable considerada para el caso uruguayo en el área de nacionalidad. Así, los hallazgos reflejan la histórica extensión de derechos por la que siempre se ha reconocido este país rioplatense y que lo han hecho situarse en las primeras posiciones de los índices de calidad de la democracia.

En segunda posición y no a gran distancia de su país limítrofe, Argentina recibe la puntuación de 62,90 en la escala MIPEX. Este país destaca especialmente en las áreas de participación política y acceso a la salud. Esta realidad podría estar motivada por su estructura como país federal donde cada nivel de Gobierno ejerce unas potestades diferentes en el ámbito de participación e inclusión de los inmigrantes en la toma de decisiones.

Por su parte, Paraguay ocupa el tercer puesto de nuestra clasificación con un puntaje de 54,8 sobre 100 en la escala MIPEX. Este país obtiene buenos puntajes especialmente en dos áreas de política pública: participación política y residencia permanente. La gestión de la nación guaraní en estos dos ámbitos facilita la integración de los recién llegados en su sociedad y acerca su performance en ambas materias a los índices considerados como ideales por los artífices de MIPEX. Por otra parte, también cabe destacar que tanto los puntajes obtenidos por Uruguay y Argentina como por Paraguay superan el 50 % en la escala de nuestro índice, lo que nos sugiere que, aunque aún se encuentren lejos de alcanzar los parámetros ideales, estos tres países muestran políticas favorables de integración de inmigrantes en el seno de sus sociedades.

Finalmente, en cuarta y última posición se encuentra Brasil con un puntaje de 44,46 en la escala MIPEX. A pesar de su ubicación en nuestra clasificación, es necesario destacar su performance en el área de reunificación familiar, donde obtiene la puntuación más alta de los cuatro Estados que analizamos en el presente trabajo. Brasil cuenta con un marco legislativo específico que regula esta figura y otorga una extensión de sus alcances considerando también a parejas de hecho y a hijos con independencia de límites de edad.

En los siguientes apartados se presentarán los resultados obtenidos desligados por dimensiones e indicadores. Tras realizar nuestro análisis hemos arribado a la conclusión de que muchos de los indicadores considerados en el índice son complejos de aplicar a la realidad latinoamericana y necesitarían, por ende, de alguna modificación o reformulación puntual. El siguiente gráfico muestra una correlación de los hallazgos de los cuatro países combinados por área de política pública y nos ofrece una imagen global de los resultados:

Fuente: Elaboración propia a través de los datos obtenidos en nuestra investigación utilizando la metodología MIPEX.

RANKING POR ÁREA DE POLÍTICA

1. ACCESO AL MERCADO LABORAL

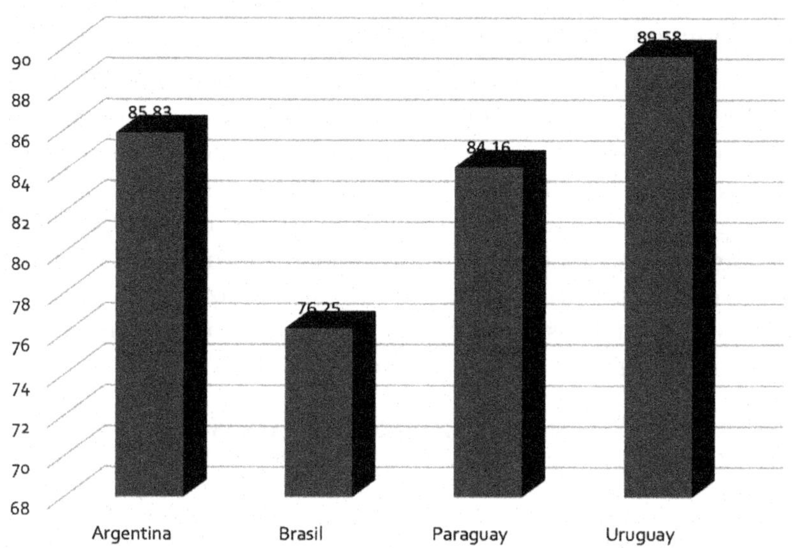

Fuente: Elaboración propia a través de los datos obtenidos en nuestra investigación utilizando la metodología MIPEX.

Uruguay se posiciona como primer país en cuanto a las condiciones favorables para la inserción en el mercado laboral de la población inmigrante, con una puntuación que casi alcanza los 90 puntos. Esto podría estar auspiciado por el reconocimiento histórico de derechos ciudadanos en el país rioplatense. Los inmigrantes que arriban a Uruguay gozan de los mismos derechos y obligaciones que poseen los nacionales en materia laboral. Destaca además la agilidad para realizar conversiones al sistema uruguayo que facilitan la inmersión de los inmigrantes en el mundo del trabajo.

Por el contrario, al otro lado del espectro se encuentra Brasil, que ocupa la posición más baja de los cuatro países originarios del Mercosur en este ámbito. Brasil cuenta con un puntaje de 76,25 sobre 100 mientras que Argentina y Paraguay se distancian por algo menos de dos puntos con unos resultados de 85,84 y 84,16 respectivamente. Sin embargo, cabe destacar que los cuatro países analizados gozan de altos puntajes en esta área de política, ya que ninguno posee una puntuación inferior al 70 %, lo que sugiere que estas naciones se muestran receptivas y favorecedoras a la llegada de trabajadores migrantes a sus sociedades.

DIMENSIONES

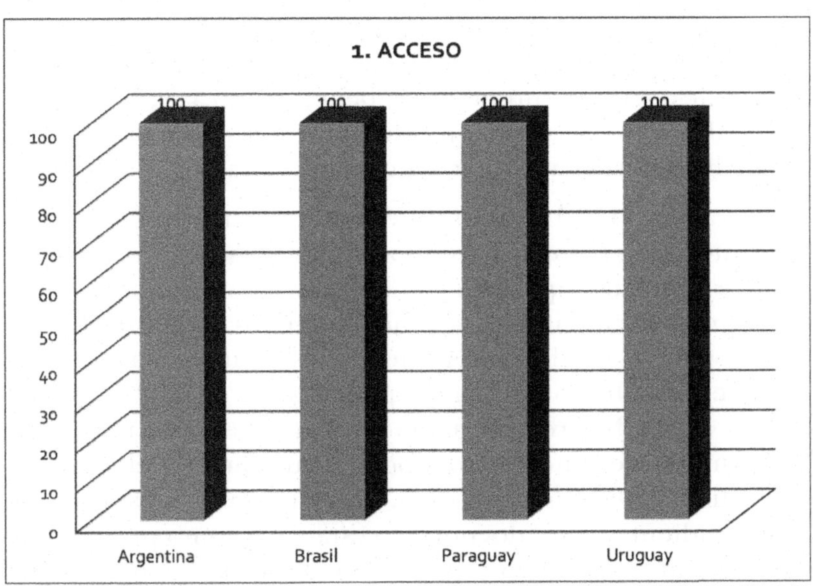

Fuente: Elaboración propia a través de los datos obtenidos en nuestra investigación utilizando la metodología MIPEX.

INDICADORES

1.1. Posibilidad de acceso inmediato al mercado laboral

Argentina (100): El Artículo 6 de la Ley de Migraciones establece que «El Estado, en todas sus jurisdicciones, asegurará el acceso igualitario a los inmigrantes y sus familias en las mismas condiciones de protección, amparo y derechos de los que gozan los nacionales, en particular lo referido a servicios sociales, bienes públicos, salud, educación, justicia, trabajo, empleo y seguridad social.»

Brasil (100): El Artículo 3 de la Lei de Migraçoes asegura la «inclusão social, laboral e produtiva do migrante por meio de políticas públicas» así como el «acesso igualitário e livre do migrante a serviços, programas e benefícios sociais, bens públicos, educação, assistência jurídica integral pública, trabalho, moradia, serviço bancário e seguridade social».

Paraguay (100): El párrafo 62 del documento de Política Migratoria de Paraguay reconoce a las personas inmigrantes y a sus familiares que ingresan al país para residir temporal o permanentemente, los mismos derechos y garantías constitucionales y legales que asisten a los connacionales, entre otros el derecho a un trabajo digno, al seguro social, la educación y la salud, la reunificación familiar, el envío o recepción de remesas de dinero para apoyo a su familia y el acceso a la justicia y al debido proceso, en el marco de las leyes correspondientes. Este documento establece como principio el derecho al trabajo digno en las personas y su remuneración justa corresponde a todo trabajador o trabajadora en cualquiera y todas las funciones laborales que desempeñen y abarca en igual medida a migrantes, independientemente de su condición migratoria, puesto que los derechos laborales de la persona son intrínsecos a su calidad de trabajadora y no a su condición migratoria.

Uruguay (100): El Art. 8 de la Ley de Migraciones dispone lo siguiente: «Las personas migrantes y sus familiares gozarán de los derechos de salud, trabajo, seguridad social, vivienda y educación en pie de igualdad con los nacionales. Dichos derechos tendrán la misma protección y amparo en uno y otro caso.» El Art. 16 de la Ley de Migraciones establece que las personas migrantes tendrán igualdad de trato que las nacionales con respecto al ejercicio de una actividad laboral. Además, el Art 17. establece que «El Estado adoptará las medidas necesarias para asegurar que las personas migrantes no sean privadas de ninguno de los derechos amparados en la legislación laboral a causa de irregularidades en su permanencia o empleo».

1.2. Posibilidad de acceder al sector privado

Argentina (100): El Art. 6 de la Ley de Migraciones establece que «El Estado en todas sus jurisdicciones, asegurará el acceso igualitario a los inmigrantes y sus familias en las mismas condiciones de protección, amparo y derechos de los que gozan los nacionales, en particular lo referido a servicios sociales, bienes públicos, salud, educación, justicia, trabajo, empleo y seguridad social.»

Brasil (100): El Art 3. de la Lei de Migraçoes asegura la «inclusão social, laboral e produtiva do migrante por meio de políticas públicas» así como el «acesso igualitário e livre do migrante a serviços, programas e benefícios sociais, bens públicos, educação, assistência jurídica integral pública, trabalho, moradia, serviço bancário e seguridade social»

Paraguay (100): El Párrafo 62 del documento de Política Migratoria del Paraguay reconoce a las personas inmigrantes y a sus familiares que ingresan al país para residir temporal o permanentemente, los mismos derechos y garantías constitucionales y legales que asisten a los connacionales, entre otros el derecho a un trabajo digno, al seguro social, la educación y la salud, la reunificación familiar, el envío o recepción de remesas de dinero para apoyo a su familia y el acceso a la justicia y al debido proceso, en el marco de las leyes correspondientes. "

Uruguay (100): El Art. 8 de la Ley de Migraciones dispone lo siguiente: «Las personas migrantes y sus familiares gozarán de los derechos de salud, trabajo, seguridad social, vivienda y educación en pie de igualdad con los nacionales. Dichos derechos tendrán la misma protección y amparo en uno y otro caso. » El Art. 16 de la Ley de Migraciones establece que las personas migrantes tendrán igualdad de trato que las nacionales con respecto al ejercicio de una actividad laboral. Además, el Art 17. establece que «El Estado adoptará las medidas necesarias para asegurar que las personas migrantes no sean privadas de ninguno de los derechos amparados en la legislación laboral a causa de irregularidades en su permanencia o empleo.»

1.3. Acceso inmediato al autoempleo

Argentina (100): El Art. 6 de la Ley de Migraciones establece que «El Estado en todas sus jurisdicciones, asegurará el acceso igualitario a los inmigrantes y sus familias en las mismas condiciones de protección, amparo y derechos de los que gozan los nacionales, en particular lo referido a servicios sociales, bienes públicos, salud, educación, justicia, trabajo, empleo y seguridad social.»

Brasil (100): El Art 3. de la Lei de Migraçoes asegura la «inclusão social, laboral e produtiva do migrante por meio de políticas públicas» así como el «acesso igualitário e livre do migrante a serviços, programas e benefícios sociais, bens públicos, educação, assistência jurídica integral pública, trabalho, moradia, serviço bancário e seguridade social»

Paraguay (100): El Párrafo 62 del documento de Política Migratoria de Paraguay reconoce a las personas inmigrantes y a sus familiares que ingresan al país para residir temporal o permanentemente, los mismos derechos y garantías constitucionales y legales que asisten a los connacionales, entre otros el derecho a un trabajo digno, al seguro social, la educación y la salud, la reunificación familiar, el envío o recepción de remesas de dinero para apoyo a su familia y el acceso a la justicia y al debido proceso, en el marco de las leyes correspondientes.

Uruguay (100): El Art. 8 de la Ley de Migraciones dispone lo siguiente: «Las personas migrantes y sus familiares gozarán de los derechos de salud, trabajo, seguridad social, vivienda y educación en pie de igualdad con los nacionales. Dichos derechos tendrán la misma protección y amparo en uno y otro caso. » El Art. 16 de la Ley de Migraciones señala que las personas migrantes tendrán igualdad de trato que las nacionales con respecto al ejercicio de una actividad laboral. Además, el Art 17. de dicha ley establece que «El Estado adoptará las medidas necesarias para asegurar que las personas migrantes no sean privadas de ninguno de los derechos amparados en la legislación laboral a causa de irregularidades en su permanencia o empleo.»

1.4. Acceso al auto-empleo

Argentina (100): El Art. 6 de la Ley de Migraciones establece que «El Estado en todas sus jurisdicciones, asegurará el acceso igualitario a los inmigrantes y sus familias en las mismas condiciones de protección, amparo y derechos de los que gozan los nacionales, en particular lo referido a servicios sociales, bienes públicos, salud, educación, justicia, trabajo, empleo y seguridad social.»

Brasil (100): El Art 3. de la Lei de Migraçoes asegura la «inclusão social, laboral e produtiva do migrante por meio de políticas públicas» así como el «acesso igualitário e livre do migrante a serviços, programas e benefícios sociais, bens públicos, educação, assistência jurídica integral pública, trabalho, moradia, serviço bancário e seguridade social»

Paraguay (100): El Párrafo 62 del documento de Política Migratoria de Paraguay reconoce a las personas inmigrantes y a sus familiares que ingresan al país para residir temporal o permanentemente, los mismos derechos y garantías constitucionales y legales que asisten a los connacionales, entre otros el derecho a un trabajo digno, al seguro social, la educación y la salud, la reunificación familiar, el envío o recepción de remesas de dinero para apoyo a su familia y el acceso a la justicia y al debido proceso, en el marco de las leyes correspondientes.

Uruguay (100): El Art. 8 de la Ley de Migraciones dispone lo siguiente: «Las personas migrantes y sus familiares gozarán de los derechos de salud, trabajo, seguridad social, vivienda y educación en pie de igualdad con los nacionales. Dichos derechos tendrán la misma protección y amparo en uno y otro caso.» El Art. 16 de la Ley de Migraciones señala que las personas migrantes tendrán igualdad de trato que las nacionales con respecto al ejercicio de una actividad laboral. Además, el Art 17. de la misma ley establece que «El Estado adoptará las medidas necesarias para asegurar que las personas migrantes no sean privadas de ninguno de los derechos amparados en la legislación laboral a causa de irregularidades en su permanencia o empleo.»

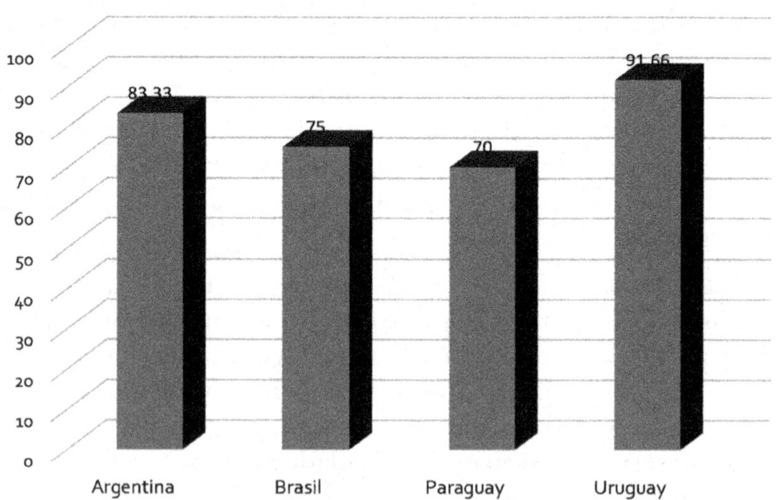

Fuente: Elaboración propia a través de los datos obtenidos en nuestra investigación utilizando la metodología MIPEX.

INDICADORES

2.1. Empleos en servicios públicos

Argentina (100): El Art. 6 de la Ley de Migraciones establece que «El Estado en todas sus jurisdicciones, asegurará el acceso igualitario a los inmigrantes y sus familias en las mismas condiciones de protección, amparo y derechos de los que gozan los nacionales, en particular lo referido a servicios sociales, bienes públicos, salud, educación, justicia, trabajo, empleo y seguridad social.»

Brasil (100): El Art 3. de la Lei de Migraçoes asegura la «inclusão social, laboral e produtiva do migrante por meio de políticas públicas» así como el «acesso igualitário e livre do migrante a serviços, programas e benefícios sociais, bens públicos, educação, assistência jurídica integral pública, trabalho, moradia, serviço bancário e seguridade social»

Paraguay (100): El Párrafo 62 del documento de Política Migratoria de Paraguay reconoce a las personas inmigrantes y a sus familiares que ingresan al país para residir temporal o permanentemente, los mismos derechos y garantías constitucionales y legales que asisten a los connacionales, entre otros el derecho a un trabajo digno, al seguro social, la educación y la salud, la reunificación familiar, el envío o recepción de remesas de dinero para apoyo a su familia y el acceso a la justicia y al debido proceso, en el marco de las leyes correspondientes.

Uruguay (100): El Art. 8 de la Ley de Migraciones dispone lo siguiente: «Las personas migrantes y sus familiares gozarán de los derechos de salud, trabajo, seguridad social, vivienda y educación en pie de igualdad con los nacionales. Dichos derechos tendrán la misma protección y amparo en uno y otro caso.»

2.2. Educación y formación profesional

Argentina (100): El Art. 6 de la Ley de Migraciones establece que «El Estado en todas sus jurisdicciones, asegurará el acceso igualitario a los inmigrantes y sus familias en las mismas condiciones de protección, amparo y derechos de los que gozan los nacionales, en particular lo referido a servicios sociales, bienes públicos, salud, educación, justicia, trabajo, empleo y seguridad social.»

Brasil (100): El Art 3. de la Lei de Migraçoes asegura la «inclusão social, laboral e produtiva do migrante por meio de políticas públicas» así como el «acesso igualitário e livre do migrante a serviços, programas e benefícios sociais, bens públicos, educação, assistência jurídica integral pública, trabalho, moradia, serviço bancário e seguridade social»

Paraguay (100): El Párrafo 62 del documento de Política Migratoria de Paraguay reconoce a las personas inmigrantes y a sus familiares que ingresan al país para residir temporal o permanentemente, los mismos derechos y garantías constitucionales y legales que asisten a los connacionales, entre otros el derecho a un trabajo digno, al seguro social, la educación y la salud, la reunificación familiar, el envío o recepción de remesas de dinero para apoyo a su familia y el acceso a la justicia y al debido proceso, en el marco de las leyes correspondientes. "

Uruguay (100): El Art. 8 de la Ley de Migraciones dispone lo siguiente: «Las personas migrantes y sus familiares gozarán de los derechos de salud, trabajo, seguridad social, vivienda y educación en pie de igualdad con los nacionales. Dichos derechos tendrán la misma protección y amparo en uno y otro caso.»

2.3. Acceso a apoyo al estudio

Argentina (50): Argentina cuenta con el programa de Becas Internacionales de la Dirección Nacional de Cooperación Internacional. Para Latinoamérica y el Caribe, cuentan con becas de Integración Regional y Becas de la Facultad Latinoamericana de Ciencias Sociales (FLACSO). También se oferta el Programa Becas Progresar para educación obligatoria que otorga $1250 para jóvenes que quieran terminar sus estudios primarios o secundarios. Se debe tener entre 18 a 24 años, y si no se posee la nacionalidad argentina, hay que acreditar al menos 5 años de residencia. Para acceder al resto de las Becas Progresar (formación profesional, formación docente y educación superior) se requiere la nacionalidad argentina.

Por otra parte, la Beca Néstor Kirchner está enfocada a apoyar la formación de líderes en América Latina y el Caribe, con desempeño en el campo político/social y académico. La beca consiste en una estadía de trabajo de dos semanas en The New School University en Nueva York y comprende el pasaje ida y vuelta desde la ciudad de residencia del becado hasta la ciudad de Nueva York en las fechas estipuladas en el cronograma de ejecución de la Beca; el alojamiento en Nueva York por las dos semanas que dura la Beca; y un pago de US$ 1.000 (mil dólares estadounidenses) en concepto de honorarios y gastos de subsistencia. Para la solicitud de las becas de tipo 2, 3 y 4 se requiere ser ciudadano de cualquier país latinoamericano (para la 2 se excluyen los argentinos).

La Beca Ricardo Rojas fue instituida para garantizar el derecho a la educación de los estudiantes de los establecimientos educativos de nivel medio pertenecientes a la Universidad de Buenos Aires que se encuentren en situación de vulnerabilidad socioeconómica. Se requiere la residencia permanente en el país y ser estudiante en condición regular en alguno de los colegios secundarios dependientes de la UBA.

Brasil (50): Brasil cuenta con el Programa de Estudiantes-Confenio de Graduación del Ministerio de Educación (Programa de Estudantes-Convênio de Graduação (PEC-G) do Ministério da Educação). El Programa de Estudiantes-Convenio de Graduación (PEC-G), establecido oficialmente en 1965 por el Decreto 55.613 y actualmente regulado por el Decreto

7.948/2013, ofrece a estudiantes de países en desarrollo con los cuales Brasil mantiene convenio educativo, cultural o científico y tecnológico la oportunidad de realizar sus estudios de graduación en Instituciones de Educación Superior (IES) brasileñas. Los beneficios son: cupo gratuito en una carrera de graduación en Brasil, asistencia médica, odontológica y farmacéutica por el Sistema Único de Salud y recepción gratuita de sus documentos académicos escolarizados.

También existen programas destinados a docentes que promueven el intercambio de profesores cubanos en Brasil para doctorados o postdoctorados como el Programa Capes/Udelar que promueve el intercambio de profesores uruguayos (de la Universidad de la República), para que realicen estudios de posgrado en universidades brasileñas reconocidas por Capes.

Paraguay (0): No se aprecian medidas específicas de esta índole.

Uruguay (50): Uruguay cuenta con las Becas del Fondo de Solidaridad que consisten en un apoyo económico anual con posibilidad de renovación, el monto de la beca completa equivale a $ 7.696 mensuales. Está dirigida a estudiantes uruguayos o **extranjeros con residencia**, que cursen estudios terciarios en la Universidad de la República (UdelaR), la Universidad Tecnológica (UTEC) y en el Consejo de Educación Técnico Profesional (CETP) que provienen de hogares que no cuentan con los medios suficientes para apoyarlos económicamente en su proyecto educativo.

2.4. Reconocimiento de las calificaciones académicas adquiridas en país extranjero

Argentina (50): La Dirección de Validez Nacional de Títulos y Estudios establece los siguientes requisitos:

- <u>Primaria o Si se ingresa al país con estudios incompletos</u>, hay que acudir al centro educativo o a la Dirección del Nivel correspondiente de la jurisdicción donde continuarán sus estudios, con toda la documentación escolar probatoria y legalizada de lo cursado en el exterior.

- Secundaria o para los países con convenio: Trámite de convalidación. Vale la simple remisión a la Dirección de Validez Nacional de Títulos y Estudios o Países sin convenio: Trámite de reconocimiento. Hay que acudir a las autoridades educativas de la jurisdicción donde resida para rendir las asignaturas de Formación Nacional + iniciar el trámite de reconocimiento en esta Dirección.
- Universidad: De acuerdo con la Secretaría de Políticas Universitarias del Ministerio de Educación o Títulos de países con convenio: Convalidación mediante el Ministerio de Educación o Títulos de países sin convenio: Reválida a través de una universidad nacional. Cada una tiene autonomía de procedimiento.

Brasil (50):

- Primaria y Secundaria: Es de competencia de las Secretarias Estaduais de Educação y no conlleva ningún trámite en el Ministerio de Educación. Se debe aportar la traducción del historial escolar y el diploma y el historial escolar en caso de que se hayan realizado estudios anteriores en Brasil. Ello se debe llevar a la Secretaria de Educación del Estado donde se vaya a fijar la residencia y allí solicitar la equivalencia.
- Universidad: Es de competencia exclusiva de las universidades públicas. El diploma de graduado ha de ser revalidado por una universidad pública brasileña, regularmente autorizada y mantenida por el Poder Público, que tenga curso reconocido del mismo nivel o área equivalente.

Paraguay (50): Se establecen los mismos requisitos que para los nacionales.

Uruguay (50): Los procedimientos son los mismos para extranjeros y nacionales si los estudios han sido realizados en el extranjero. La reválida se realiza en el Consejo de Educación Secundaria, Sección Reválida de Inspección Técnica. Se debe presentar lo siguiente:

- Cédula de identidad uruguaya o pasaporte. En caso de no tenerla, si proviene de un país de MERCOSUR, presentar el documento de identidad de dicho país.
- En el caso de ciudadanos uruguayos o nacionales uruguayos que hubieren prestado Juramento de Fidelidad a la Bandera Nacional en el Consulado uruguayo acreditado en el país de procedencia, deberán presentar la certificación correspondiente.
- Fotocopia de toda la documentación exigida.
- Certificado de estudios apostillado o legalizado.

Para solicitar acceso a la Universidad se necesita presentar:

- Apostilla: tras la solicitud de la apostilla a la autoridad competente del país de procedencia, el certificado es reconocido automáticamente en Uruguay.
- No apostilla: debe presentarse el documento original vigente expedido por el organismo que corresponda y con la intervención del Cónsul uruguayo u oficial de Cancillería en el país de procedencia del documento. Con la legalización en el Consulado, el interesado debe presentarse en el Ministerio de Relaciones Exteriores para continuar con las legalizaciones. Terminado esto, deberá presentarse en la Bedelía del Servicio correspondiente de la Universidad de la República con su Cédula de Identidad uruguaya, los originales y una

carta al Decano/Director solicitando la reválida del título Trámite para revalidar títulos/estudios realizados en el exterior.

2.5. Reconocimiento de las calificaciones profesionales reguladas en el extranjero como son derecho, medicina o arquitectura

Argentina (50): En el caso específico de Medicina, la convalidación de títulos se realiza:

- A través del Ministerio de Educación: si se han firmado convenios específicos con Argentina (Bolivia, Cuba, Ecuador, España, Perú, Chile, Colombia, México).
- A través de universidades nacionales: reválida de títulos para los que no han firmado convenios específicos con Argentina.
- Nuevo procedimiento (Resolución Ministerial No 352/13) para obtener en tiempo reducido una convalidación provisoria para aquellos que quieran continuar estudios de posgrado en Argentina (no incluye residencias médicas).

En el caso de Derecho, la Resolución No 7437/04 dispone los siguiente:

- Si se está sujeto al criterio general (no sujeto a la Convención sobre Ejercicios de Profesiones Liberales de Montevideo, 1939): reválida. Documentos a presentar:
    - Estudio de la documentación de estudios cursados.
    - Examen de derecho constitucional argentino, resolución de un caso con implicancias en derecho público, privado y penal. Si se aprueban ambos, entonces:
    - Dos pruebas en las que se resolverán ejercicios utilizando legislación, doctrina y jurisprudencia.

- Si se está sujeto al criterio especial (sujeto a la Convención sobre Ejercicios de Profesiones Liberales de Montevideo, 1939): reválida.
    - Examen de derecho constitucional argentino.
    - Entrevista personal en la que se valorará su formación jurídica general.

Para Arquitectura concede el permiso el Consejo Profesional de Arquitectura y Urbanismo . Para los arquitectos de nacionalidad extranjera, requisitos:

- **Pasaporte o DNI Argentino**
- Diploma Original de Arquitectura.
- Convalidación Ministerio de Educación u Homologación otorgada por la Universidad Nacional / Pública Argentina.
- Legalización del Ministerio del Interior de la Rep. Argentina.
- Certificado de matrícula profesional del órgano / ente regulador de la actividad profesional en el país de Origen, correspondiente al año vigente (Ej: Consejo o Colegio Profesional).

Brasil (50): Para conseguir los permisos de Medicina se necesita:

- Ser brasileño o **extranjero en situación legal en Brasil**.
- Poseer Cadastro de Pessoa Física – CPF (equivalente al CUIT argentino), documento emitido por la Receita Federal de Brasil.
- Ser titular de un diploma médico expedido por una institución de educación superior extranjera.

- Haber rendido el CELPE-Bras (Certificado de Proficiência em Língua Portuguesa para Estrangeiros), examen de dominio del idioma portugués.
- Reválida: dos etapas
    - Prueba escrita sobre conocimientos teóricos.
    - Prueba de habilidades clínicas, sobre práctica de atención médica.

En el caso de Derecho existen dos formas de actuación, como consultor en derecho extranjero o como abogado.

- Como consultor en derecho extranjero: se debe estar debidamente inscrito como tal en la OAB y su actuación se limita al ejercicio de la actividad de consultoría o asesoramiento en el Derecho del país de origen del abogado en territorio brasileño.
- Como abogado: se precisa realizar la homologación del diploma extranjero en Derecho en una universidad brasileña, además de aprobar el Examen de Orden de la OAB.

*Excepción para abogados de Portugal que pueden inscribirse directamente en la OAB sin homologar el diploma universitario ni realizar la prueba de acceso.

Paraguay (50): En el caso de Medicina la Resolución S.G. N° 800/2016 dispone que se precisa lo siguiente:

- Formulario de Inscripción, con carácter de Declaración Jurada, disponible en la Dirección de Registros y Control de Profesiones
- Fotos Tipo Carnet 2X2
- Título Académico Original Registrado y Legalizado en el Ministerio de Educación y Cultura (MEC) y Fotocopia Autenticada por Escribanía del mismo a Tamaño Oficio o A4

- Resolución del MEC de Reconocimiento u Homologación del Titulo, conforme a las normativas vigentes, Original y Fotocopia Autenticada por Escribanía de dicha Resolución.
- En el caso de que el solicitante ya haya ejercido su profesión en el extranjero, deberá adjuntar la Constancia Original de Antecedentes Profesionales del Colegio respectivo o del Ministerio de Salud u otra Institución que regule el ejercicio de las profesiones de salud del país de origen del Título.
- Certificado de Estudios Original y Fotocopia Autenticada por Escribanía.
- Fotocopia Autenticada de Cédula de Identidad Paraguaya Vigente o Pasaporte Paraguayo
- Certificado Original de Antecedentes Judiciales del Paraguay y Certificado Original de Antecedentes Judiciales de su país de origen.
- Para las profesiones que requieran Pasantía Rural, deberán presentar Certificado expedido por el Instituto Nacional de Salud, de conclusión satisfactoria del Programa de Pasantía Rural.
- **Certificado de Residencia permanente o temporaria en caso de ser extranjero**.

Par el reconocimiento de los titulados en Derecho, el Art. 49 de la Ley del Colegio Público de Abogados/as del Paraguay dispone que los **graduados en derecho en el extranjero** deberán probar el título de grado debidamente revalidado por la Universidad Nacional de Asunción, ante el Consejo Nacional del Colegio Público de Abogados/as del Paraguay (CPAP):

- Aprobar el examen de suficiencia, establecido por el Colegio Público de Abogados/as del Paraguay (CPAP);

- Haber obtenido el certificado de pasantía profesional reconocido por el Colegio Público de Abogados/as del Paraguay (CPAP);
- Carecer de antecedentes Penales;
- No ejercer actividades que sean incompatibles con el ejercicio de la Abogacía

En el caso de Arquitectura se precisa homologar el título (en el MEC se solicita, se remite al rectorado de la UNA y de ahí a la facultad de arquitectura) y **radicarse en el país**. Para eso se necesita los siguientes documentos:

- Certificados de estudios (original) con carga horaria (horas) de la carrera.
- Fotocopia del Título o Diploma.
- Programa de estudios foliados correlativamente más carátula.
- Fotocopia simple de la cédula de identidad civil paraguaya o pasaporte completo.
- Fotocopia del convenio o tratado cultural vigente, firmados entre Paraguay y el país de origen del título o diploma.
- Traducción al español

Uruguay (100): Los requisitos son los mismos que para los nacionales. La reválida se solicita en la Universidad de la República aportando los siguientes documentos:

- Nota de solicitud al decano de la facultad correspondiente.
- **Cédula de identidad uruguaya**.
- Programas y su contenido.
- Certificado de estudios.

- Título original y fotocopia.
- Traducción al español.

2.6. Reconocimiento de las habilidades

Argentina (100): Se aplican los mismos parámetros que a los nacionales, puesto que no se establecen requisitos extras de idiomas.

Brasil (50): Se precisa haber rendido el CELPE-Bras (Certificado de Proficiência em Língua Portuguesa para Estrangeiros), examen de dominio del idioma portugués.

Paraguay (100): Se aplican los mismos parámetros que a los nacionales, puesto que no se establecen requisitos idiomáticos adicionales.

Uruguay (100): Se aplican los mismos parámetros que a los nacionales, puesto que no parece que se establecen requisitos idiomáticos adicionales.

3. APOYO ESPECÍFICO

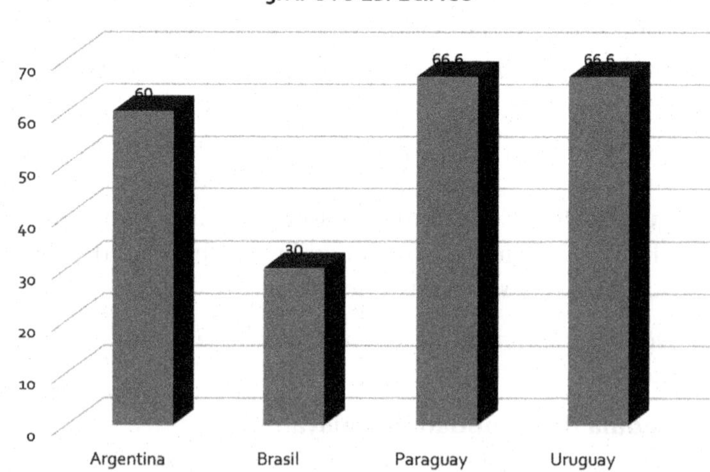

Fuente: Elaboración propia a través de los datos obtenidos en nuestra investigación utilizando la metodología MIPEX.

INDICADORES

3.1. Facilidades del Estado para el reconocimiento de las calificaciones

Argentina (50): Se sigue el mismo procedimiento descrito en el apartado de sistema de convalidaciones.

Brasil (50): Se sigue el mismo procedimiento descrito en el apartado de sistema de convalidaciones.

Paraguay (50): Se sigue el mismo procedimiento descrito en el apartado de sistema de convalidaciones. La encargada es la Universidad Nacional del Rosario.

Uruguay (50): Se sigue el mismo procedimiento descrito en el apartado de sistema de convalidaciones. La encargada es la Universidad de la República del Uruguay.

3.2. Medidas de integración económica para los Nacionales de Terceros Países

Argentina (50): El apartado h. del Art. 3 de la Ley de Migraciones dispone como objetivo: «Promover la inserción e integración laboral de los inmigrantes que residan en forma legal para el mejor aprovechamiento de sus capacidades personales y laborales a fin de contribuir al desarrollo económico y social de país». El Art. 14 de la misma ley continúa con lo que sigue: «El Estado en todas sus jurisdicciones, ya sea nacional, provincial o municipal, favorecerá las iniciativas tendientes a la integración de los extranjeros en su comunidad de residencia, especialmente las tendientes a: a) La **realización de cursos de idioma castellano** en las escuelas e instituciones culturales extranjeras legalmente reconocidas; (...) d) La organización de **cursos de formación, inspirados en criterios de convivencia en una sociedad multicultural y de**

prevención de comportamientos discriminatorios, destinados a los funcionarios y empleados públicos y de entes privados»

Brasil (0): No se aprecia la existencia de medidas de tal índole.

Paraguay (0): No se aprecia la existencia de medidas de tal índole.

Uruguay (0): No se aprecia la existencia de medidas de tal índole.

3.3. Medidas de integración económica para mujeres y jóvenes

Argentina (0): El Art. 16 de la Ley de Migraciones dispone lo siguiente: «La adopción por el Estado de todas las medidas necesarias y efectivas para eliminar la contratación laboral en el territorio nacional de inmigrantes en situación irregular, incluyendo la imposición de sanciones a los empleadores, no menoscabará los derechos de los trabajadores inmigrantes frente a sus empleadores en relación con su empleo.» Es decir, la legislación no menciona acciones específicas cuyo foco sean mujeres y jóvenes sino que se dirige al colectivo inmigrante generalizado.

Brasil (0): No se aprecia la existencia de medidas de tal índole.

Paraguay (50): Existe el *Migrant Youth*, un convenio de Cooperación Interinstitucional entre la Dirección General de Migraciones y la Facultad Metropolitana de Asunción (promulgado en septiembre 2016). El objetivo principal es promocionar la educación superior de ciudadanos extranjeros en Paraguay, dentro de sus respectivas competencias y establecer un mecanismo de trabajo para la presentación de solicitudes de ingreso y admisión de residencia temporaria de alumnos extranjeros inscriptos en cursos de grado y postgrado en cualquiera de las sedes de la Universidad Metropolitana. También existe un Convenio de Cooperación Interinstitucional entre la Dirección

General de Migraciones y la Universidad María Auxiliadora para promover la educación superior de ciudadanos extranjeros en Paraguay, en el marco de cooperación entre las partes, dentro de sus respectivas competencias y establecer un mecanismo de trabajo para la presentación de solicitudes de ingreso y admisión de residencia temporaria de alumnos extranjeros inscriptos en cursos de Grado y Postgrados de la Universidad.

Uruguay (50): El Art. 23 de la Ley de Migraciones establece que «El Estado podrá establecer en determinadas circunstancias **políticas que determinen categorías limitadas de empleo**, funciones, servicios o actividades, de acuerdo a la legislación nacional y los instrumentos bilaterales y multilaterales ratificados por el país». Se entiende que estas políticas podrían estar dirigidas a grupos específicos de mujeres y jóvenes en el contexto de la inmigración.

3.4. Apoyo al acceso a servicios de empleo público

Argentina (100): Según el Art. 6 de la Ley de Migraciones, «el Estado en todas sus jurisdicciones, asegurará el acceso igualitario a los inmigrantes y sus familias en las mismas condiciones de protección, amparo y derechos de los que gozan los nacionales, en particular lo referido a servicios sociales, bienes públicos, salud, educación, justicia, trabajo, empleo y seguridad social. » El Art. 51 de la misma Ley establece que: «Los extranjeros admitidos o autorizados como "residentes permanentes" podrán desarrollar toda tarea o actividad remunerada o lucrativa, por cuenta propia o en relación de dependencia, gozando de la protección de las leyes que rigen la materia. Los extranjeros admitidos o autorizados como "residentes temporarios" podrán desarrollarlas sólo durante el período de su permanencia autorizada.»

Brasil (100): El Art. 3.XI de la Ley de Migraciones establece el «acesso igualitário e livre do migrante a serviços, programas e benefícios sociais, bens públicos, educação, assistência jurídica integral pública, trabalho, moradia, serviço bancário e seguridade social».

Paraguay (100): El párrafo 62 del documento de política migratoria establece que se reconoce a las personas inmigrantes y a sus familiares que ingresan al país para residir temporal o permanentemente, los mismos derechos y garantías constitucionales y legales que asisten a los connacionales, entre otros el derecho a un trabajo digno, al seguro social, la educación y la salud, la reunificación familiar, el envío o recepción de remesas de dinero para apoyo a su familia y el acceso a la justicia y al debido proceso, en el marco de las leyes correspondientes. Los plazos y condiciones para obtener la residencia temporal o permanente serán establecidos por la normativa migratoria.

Uruguay (100): El Art. 8 de la Ley de Migraciones dispone lo siguiente: «Las personas migrantes y sus familiares gozarán de los derechos de salud, trabajo, seguridad social, vivienda y educación en pie de igualdad con los nacionales. Dichos derechos tendrán la misma protección y amparo en uno y otro caso.»

3.5. Política de información activa

Argentina (100): El Art. 19 de la Ley de Migraciones establece lo siguiente: «Respecto de cualquier extranjero, la República Argentina podrá orientarlo con respecto a:

a) El acceso a categorías limitadas de empleo, funciones, servicios o actividades, cuando ello sea necesario en beneficio del Estado;

b) La elección de una actividad remunerada de conformidad con la legislación relativa a las condiciones de reconocimiento de calificaciones profesionales adheridas fuera del territorio;

c) Las condiciones por las cuales, habiendo sido admitido para ejercer un empleo, pueda luego ser autorizado a realizar trabajos por cuenta propia, teniendo en consideración el período de residencia legal en el país y las demás condiciones establecidas en la reglamentación.»

Brasil (0): La legislación no documenta que existan mecanismos informativos destinados a orientar a los inmigrantes.

Paraguay (0): La legislación no documenta que existan mecanismos informativos destinados a orientar a los inmigrantes.

Uruguay (50): La legislación no documenta que existan mecanismos informativos específicos destinados a orientar a los inmigrantes. En el plano educativo, existe un punto de atención a inmigrantes en materia de educación.

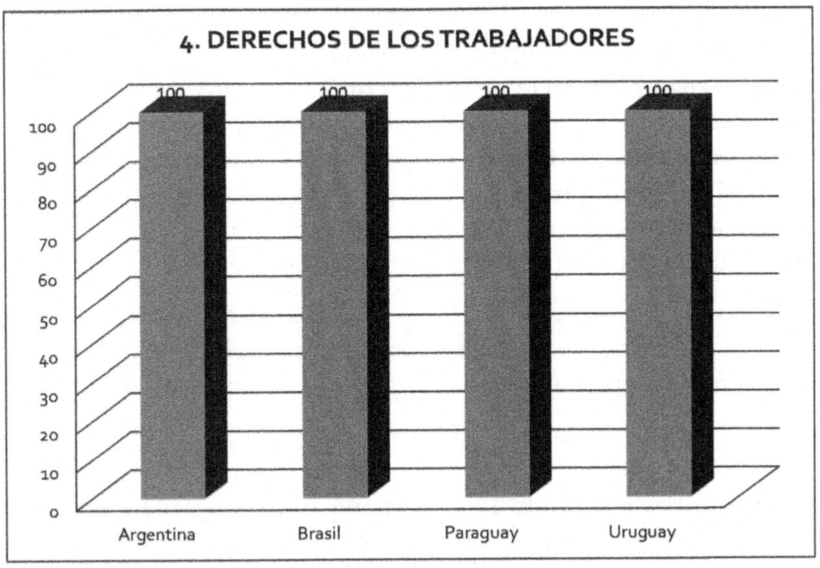

Fuente: Elaboración propia a través de los datos obtenidos en nuestra investigación utilizando la metodología MIPEX

INDICADORES

4.1. Participación en sindicatos

Argentina (100): El Art 106 de la Ley de Migraciones estable que «Los poderes públicos impulsarán el fortalecimiento del movimiento asociativo entre los inmigrantes y apoyarán a los sindicatos, organizaciones empresariales y a las organizaciones no gubernamentales que, sin ánimo de lucro, favorezcan su integración social, prestándoles ayuda en la medida de sus posibilidades.»

Brasil (100): El Artículo 4 de la Ley 13.445 de Migración, establece que «al migrante se le garantiza en el territorio nacional, en condiciones de igualdad con los nacionales, la inviolabilidad del derecho a la vida, a la libertad, a la igualdad, a la seguridad y a la propiedad, así como se garantizan: (...) **derecho de asociación, incluida la sindical**, para fines lícitos».

Paraguay (100): De acuerdo con el párrafo 68 de su Plan de Política Migratoria: «La Política Migratoria estimulará y **fomentará la asociatividad de las personas radicadas en el país en calidad de inmigrantes** (...) como toda iniciativa integradora de las asociaciones y grupos de inmigrantes, serán alentadas, apoyadas y divulgadas por la autoridad migratoria".

También se recoge en el Art. 42 de la Constitución: «Toda persona es libre de asociarse o agremiarse con fines lícitos, así como nadie está obligado a pertenecer a determinada asociación (...)».

Uruguay (100): De acuerdo al Artículo 7 de la Ley 18.250, a los extranjeros migrantes «que ingresen y permanezcan en territorio nacional» se les reconocerá el derecho a la igualdad en derechos y obligaciones con los nacionales. De la misma manera, el Art. 13 dispone lo siguiente: «El Estado implementará acciones para favorecer la integración sociocultural de las personas migrantes en el territorio nacional y su **participación**

en las decisiones de la vida pública. La Constitución de la República en su Art. 39 establece que **todas las personas tienen el derecho a asociarse**, cualquiera sea el objeto que persigan, siempre que no constituyan una asociación ilícita declarada por la ley.

4.2. Acceso a la seguridad social

Argentina (100): El Art. 6 de la Ley de Migraciones establece lo siguiente: «El Estado en todas sus jurisdicciones, asegurará el acceso igualitario a los inmigrantes y sus familias en las mismas condiciones de protección, amparo y derechos de los que gozan los nacionales, en particular lo referido a servicios sociales, bienes públicos, salud, educación, justicia, trabajo, empleo y seguridad social.»

Brasil (100): El Art 3. de la Lei de Migraçoes asegura la «inclusão social, laboral e produtiva do migrante por meio de políticas públicas» así como el «acesso igualitário e livre do migrante a serviços, programas e benefícios sociais, bens públicos, educação, assistência jurídica integral pública, trabalho, moradia, serviço bancário e seguridade social».

Paraguay (100): El Párrafo 62 del documento de Política Migratoria de Paraguay reconoce a las «personas inmigrantes y a sus familiares que ingresan al país para residir temporal o permanentemente, los mismos derechos y garantías constitucionales y legales que asisten a los connacionales, entre otros el derecho a un trabajo digno, al seguro social, la educación y la salud, la reunificación familiar, el envío o recepción de remesas de dinero para apoyo a su familia y el acceso a la justicia y al debido proceso, en el marco de las leyes correspondientes. Este documento establece como principio el derecho al trabajo digno en las personas y su remuneración justa corresponde a todo trabajador o trabajadora en cualquiera y todas las funciones laborales que desempeñen y abarca en igual medida a migrantes, independientemente de su condición migratoria, puesto que los derechos laborales de la persona son intrínsecos a su calidad de trabajadora y no a su condición migratoria.»

Uruguay (100): El Art. 8 de la Ley de Migraciones dispone lo siguiente: «Las personas migrantes y sus familiares gozarán de los derechos de salud, trabajo, seguridad social, vivienda y educación en pie de igualdad con los nacionales. Dichos derechos tendrán la misma protección y amparo en uno y otro caso.»

4.3. Acceso a la vivienda

Argentina (100): El Art. 6 de la Ley de Migraciones dispone lo siguiente: «El Estado en todas sus jurisdicciones, asegurará el acceso igualitario a los inmigrantes y sus familias en las mismas condiciones de protección, amparo y derechos de los que gozan los nacionales, en particular lo referido a servicios sociales, bienes públicos, salud, educación, justicia, trabajo, empleo y seguridad social.»

Brasil (100): El Art 3. de la Lei de Migraçoes asegura la «inclusão social, laboral e produtiva do migrante por meio de políticas públicas» así como el «acesso igualitário e livre do migrante a serviços, programas e benefícios sociais, bens públicos, educação, assistência jurídica integral pública, trabalho, moradia, serviço bancário e seguridade social».

Paraguay (100): El Párrafo 62 del documento de Política Migratoria de Paraguay reconoce a las «personas inmigrantes y a sus familiares que ingresan al país para residir temporal o permanentemente, los mismos derechos y garantías constitucionales y legales que asisten a los connacionales, entre otros el derecho a un trabajo digno, al seguro social, la educación y la salud, la reunificación familiar, el envío o recepción de remesas de dinero para apoyo a su familia y el acceso a la justicia y al debido proceso, en el marco de las leyes correspondientes. Este documento establece como principio el derecho al trabajo digno en las personas y su remuneración justa corresponde a todo trabajador o trabajadora en cualquiera y todas las funciones laborales que desempeñen y abarca en igual medida a migrantes, independientemente de su condición migratoria, puesto que los derechos laborales de la persona son intrínsecos a su calidad de trabajadora y no a su condición migratoria.»

Uruguay (100): El Art. 8 de la Ley de Migraciones dispone lo siguiente: «Las personas migrantes y sus familiares gozarán de los derechos de salud, trabajo, seguridad social, vivienda y educación en pie de igualdad con los nacionales. Dichos derechos tendrán la misma protección y amparo en uno y otro caso.»

4.4. Condiciones de los trabajadores

Argentina (100): El Art. 17 de la Ley de Contrato de Trabajo dispone lo siguiente: «Por esta ley se prohíbe cualquier tipo de discriminación entre los trabajadores por motivo de sexo, raza, nacionalidad, religiosos, políticos, gremiales o de edad.» El Art. 14 bis. de la Constitución de la Nación Argentina establece que «El trabajo en sus diversas formas gozará de la protección de las leyes, las que asegurarán al trabajador: condiciones dignas y equitativas de labor; jornada limitada; descanso y vacaciones pagados; retribución justa; salario mínimo vital móvil; igual remuneración por igual tarea; participación en las ganancias de las empresas, con control de la producción y colaboración en la dirección; protección contra el despido arbitrario; estabilidad del empleado público; organización sindical libre y democrática, reconocida por la simple inscripción en un registro especial...»

Brasil (100): El Art 3. de la Lei de Migraçoes asegura la «inclusão social, laboral e produtiva do migrante por meio de políticas públicas» así como el «acesso igualitário e livre do migrante a serviços, programas e benefícios sociais, bens públicos, educação, assistência jurídica integral pública, trabalho, moradia, serviço bancário e seguridade social»

Paraguay (100): El Párrafo 62 del documento de Política Migratoria de Paraguay reconoce a «las personas inmigrantes y a sus familiares que ingresan al país para residir temporal o permanentemente, los mismos derechos y garantías constitucionales y legales que asisten a los connacionales, entre otros el derecho a un trabajo digno, al seguro social, la educación y la salud, la reunificación familiar, el envío o recepción de remesas de dinero para apoyo a su familia y el acceso a la justicia y al debido proceso, en el marco de las leyes correspondientes. Este documento establece como principio el derecho al trabajo digno en las personas y su remuneración justa corresponde a todo trabajador o trabajadora en cualquiera y todas las funciones laborales que desempeñen y abarca en igual medida a migrantes, independientemente de su condición migratoria, puesto que los derechos laborales de la persona son intrínsecos a su calidad de trabajadora y no a su condición migratoria.»

Uruguay (100): El Art. 8 de la Ley de Migraciones dispone lo siguiente: «Las personas migrantes y sus familiares gozarán de los derechos de salud, trabajo, seguridad social, vivienda y educación en pie de igualdad con los nacionales. Dichos derechos tendrán la misma protección y amparo en uno y otro caso.» El Art. 16 de la Ley de Migraciones establece que las personas migrantes tendrán igualdad de trato que las nacionales con respecto al ejercicio de una actividad laboral. Además, el Art 17. de dicha ley establece que «El Estado adoptará las medidas necesarias para asegurar que las personas migrantes no sean privadas de ninguno de los derechos amparados en la legislación laboral a causa de irregularidades en su permanencia o empleo.»

2) REAGRUPACIÓN FAMILIAR

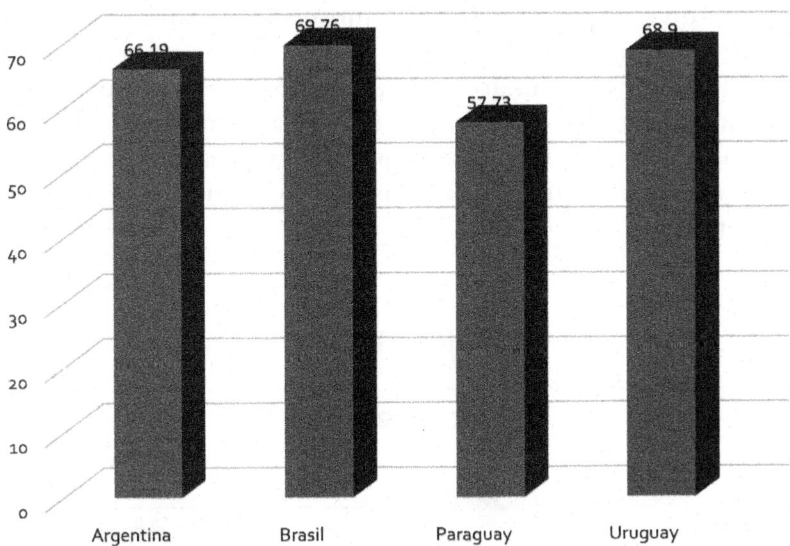

Fuente: Elaboración propia a través de los datos obtenidos en nuestra investigación utilizando la metodología MIPEX.

A pesar de ser el último de los países en nuestro ranking, Brasil lidera la clasificación del área de reagrupación familiar con un puntaje de 69,76 sobre 100 en la escala MIPEX. Este país cuenta con una legislación específica en esta materia que describe explícitamente el marco normativo de esta área de política. Así, Brasil reconoce el derecho a la reagrupación familiar tanto a cónyuges como a concubinos, hecho que no conciben ni Argentina ni Paraguay pero sí Uruguay. Además, a diferencia del resto de países Brasil extiende la figura de la reagrupación familiar a los hijos independientemente de límites específicos de edad y a los familiares dependientes, sin delimitar el alcance de este concepto.

En segunda posición y a menos de un punto se sitúa Uruguay, con 69,9 sobre 100. La legislación uruguaya también se muestra benévola a la reunión de los inmigrantes con sus familiares en su sociedad. Argentina sigue de cerca a estos dos países con una puntuación de 66,19 mostrándose también abierta a esta categoría migratoria. Por último, Paraguay ocuparía la posición final de esta área ya que, a pesar de reconocer esta figura, el marco normativo que la regula es muy limitado y se asienta sobre las mismas bases que afectan a la residencia permanente, por lo que podría considerarse como una extensión de la misma.

DIMENSIONES

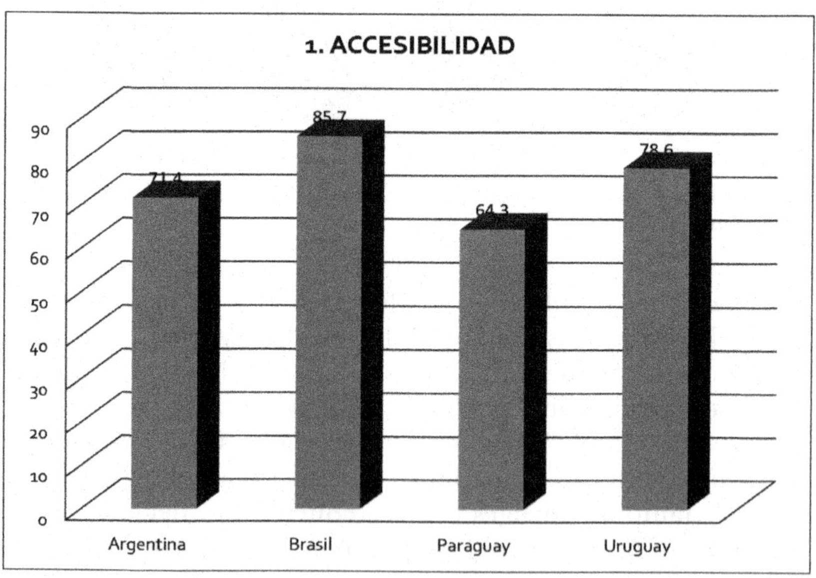

Fuente: Elaboración propia a través de los datos obtenidos en nuestra investigación utilizando la metodología MIPEX.

INDICADORES

1.1. Periodo de residencia

Argentina (100): Argentina no establece un periodo determinado de residencia previa para que el llamante pueda solicitar la reagrupación familiar (Art. 22 DEC 616/2010). Entre los requisitos que invoca la Dirección Nacional de Migraciones para el inicio del trámite no se encuentra un requerimiento de este tipo.

Brasil (100): La legislación brasileña no establece ningún periodo determinado de residencia previa para el familiar reagrupante. La sección VIII) del Art. 153 del Dec. nº 9.199 que regula la Ley de Migraciones indica que: «A solicitação de autorização de residência para fins de reunião familiar poderá ocorrer concomitantemente à solicitação de autorização de residência do familiar chamante.» Por tanto, de aquí se deduce que no se exige ningún periodo determinado de residencia previa. Además, la sección XI) del Art. 3 de la PORTARIA INTERMINISTERIAL nº 12, que regula la concesión de la reagrupación familiar permanente y temporaria, describe entre los documentos necesarios a presentar para iniciar el trámite una «declaração, sob as penas da lei, de que o chamante reside ou passará a residir no Brasil». Esto significaría que no se establecen periodos determinados de residencia.

Paraguay (100): El punto 62 del documento de Política Migratoria del Paraguay dispone lo siguiente: «Se reconoce a las personas inmigrantes y a sus familiares que ingresan al país para residir temporal o permanentemente, los mismos derechos y garantías constitucionales y legales que asisten a los connacionales, entre otros el derecho a un trabajo digno, al seguro social, la educación y la salud, la reunificación familiar, el envío o recepción de remesas de dinero para apoyo a su familia y el acceso a la justicia y al debido proceso, en el marco de las leyes correspondientes.» Así, se entiende que los residentes temporarios y permanentes tendrían derecho a solicitar la figura de la reagrupación familiar, sin establecerse un periodo determinado de residencia previa para el reagrupante.

Uruguay (100): El Art. 10 de la Ley de Migraciones establece que «El Estado uruguayo garantizará el derecho de las personas migrantes a la reunificación familiar con padres, cónyuges, concubinos, hijos solteros menores o mayores con discapacidad, de acuerdo al artículo 40 de la Constitución de la República.» Entre los requisitos dispuestos por la Dirección Nacional de Migración tampoco consta ningún periodo determinado de residencia previa del reagrupante.

1.2. Duración del permiso requerido

Argentina (100): Entre los requisitos indicados por la Dirección Nacional de Migraciones se encuentra un documento que acredite la residencia legal del regrupante (ya sea permanente o temporaria) pero no se especifica si este debe tener un periodo de duración determinado. La reglamentación del Art. 23 de la Ley de Migraciones en el DEC 616/2010 regula esta figura.

Brasil (100): Según la Resolución Normativa No. 108 Art. 1 se concederá la reagrupación familiar a los dependientes legales de inmigrantes con residencia temporal o permanente. Así, no se establece un límite específico de duración del permiso.

Paraguay (100): El Párrafo 62 del documento de Política Migratoria del Paraguay dispone lo siguiente: «Se reconoce a las personas inmigrantes y a sus familiares que ingresan al país para residir temporal o permanentemente, los mismos derechos y garantías constitucionales y legales que asisten a los connacionales, entre otros el derecho a un trabajo digno, al seguro social, la educación y la salud, la reunificación familiar, el envío o recepción de remesas de dinero para apoyo a su familia y el acceso a la justicia y al debido proceso, en el marco de las leyes correspondientes.» Así, se entiende que tanto residentes temporarios como permanentes tendrían derecho a solicitar la figura de la reagrupación familiar.

Uruguay (100): El Art. 10 de la Ley de Migraciones establece que «el Estado uruguayo garantizará el derecho de las personas migrantes a la reunificación familiar con padres, cónyuges, concubinos, hijos solteros menores o mayores con discapacidad, de acuerdo al artículo 40 de la Constitución de la República.» Es decir, no se especifica qué tipo de residencia legal debe ostentar el reagrupante, por lo que se entiende que se consideran todos los permisos.

1.3. Permisos considerados

Argentina (50): Con fines de asegurar el principio de reagrupación familiar establecido en el Art. 10 de la Ley de Migraciones, el Decreto 616/2010 en su Art. 23 indica que junto a los familiares de un residente permanente, los familiares de un residente temporal también tienen el derecho a solicitar la reagrupación familiar (temporaria). Es decir, se entendería que para solicitar la reagrupación familiar se aceptarían los permisos de residencia permanente y temporaria.

Brasil (50): Según el Art. 1 de la Resolución Normativa n° 108, se concederá la reagrupación familiar a los dependientes legales de inmigrantes con residencia temporal o permanente. Así, no se establece un límite específico de duración del permiso.

Paraguay (50): El Párrafo 62 del documento de Política Migratoria del Paraguay dispone lo siguiente: «Se reconoce a las personas inmigrantes y a sus familiares que ingresan al país para residir temporal o permanentemente, los mismos derechos y garantías constitucionales y legales que asisten a los connacionales, entre otros el derecho a un trabajo digno, al seguro social, la educación y la salud, la reunificación familiar, el envío o recepción de remesas de dinero para apoyo a su familia y el acceso a la justicia y al debido proceso, en el marco de las leyes correspondientes.» Así, se entiende que los residentes temporarios y permanentes tendrían derecho a solicitar la figura de la reagrupación familiar.

Uruguay (50) El Art. 10 de la Ley de Migraciones establece que «El Estado uruguayo garantizará el derecho de las personas migrantes a la reunificación familiar con padres, cónyuges, concubinos, hijos solteros menores o mayores con discapacidad, de acuerdo al artículo 40 de la Constitución de la República.» Es decir, no se especifica qué tipo de residencia legal debe ostentar el reagrupante, por lo que se entiende que se consideran todos los permisos.

1.4. Accesibilidad para cónyuges y parejas

Argentina: 50

Brasil: 100

Paraguay: 50

Uruguay: 100

Subindicador a): Parejas

Argentina (0): La sección b) del Art. 22 de la Ley de Migraciones establece que el extranjero que desee solicitar la reagrupación familiar debe acreditar lo siguiente: «Ser cónyuge, progenitor, hijo soltero menor de DIECIOCHO (18) años no emancipado o mayor con capacidad diferente, de un residente permanente, teniendo en cuenta principios de unidad, sostén y con el alcance del derecho de reunificación familiar establecido en la legislación pertinente y en el artículo 10 de la presente Reglamentación». Por tanto, la legislación argentina solo comprende la figura del **cónyuge**.

Brasil (100): El Art. 37.I de la Lei de Migraçoes extiende la aprobación de la reagrupación familiar para el **cónyuge o pareja**, sin distinción alguna, del inmigrante. «Cônjuge ou companheiro, sem discriminação alguma». Además, el Art.2.IV de la RESOLUÇÃO NORMATIVA No 108 establece la posibilidad de entender como dependiente y por ende, candidato a solicitar la reagrupación familiar «cônjuge ou companheiro ou companheira, em união estável, sem distinção de sexo, de cidadão brasileiro ou de estrangeiro temporário ou permanente no Brasil.»

Paraguay (0): El Art. 21 de la Ley de Migraciones limita la posibilidad de solicitar la reagrupación familiar para «el **cónyuge**, hijos menores y padres extranjeros de la persona admitida»

Uruguay (100): El Art. 10 de Ley de Migraciones estable que «El Estado uruguayo garantizará el derecho de las personas migrantes a la reunificación familiar con padres, cónyuges, concubinos, hijos solteros menores o mayores con discapacidad» Así, Uruguay reconoce la reunificación familiar **no solo para el cónyuge sino también para el concubino**, regulándose esta figura por la legislación pertinente en materia de unión concubinaria.

Subindicador b): Límites de edad

Argentina (100): La sección b) del Art. 22 de la Ley de Migraciones solo remarca la necesidad de acreditar ser cónyuge de un residente permanente o temporario, sin límites de edad. Entre los documentos necesarios a presentar se precisa partida de matrimonio legalizada tanto en el caso de la residencia permanente como temporaria. En el Art. 166 del Código Civil argentino se indica que un matrimonio será legal cuando la mujer tenga más de 16 años y el hombre más de 18.

Brasil (100): La PORTARIA INTERMINISTERIAL nº 12 que regula la figura de la reagrupación familiar no impone límites de edad. El Art. 3-VI-VIII establece la necesidad de presentar un certificado de matrimonio o algún documento que cerciore el vínculo entre ambos individuos pero no impone límites de edad.

Paraguay (100): Al no existir regulación pertinente sobre reagrupación familiar más allá del Art. 21 de la Ley de Migración entendiéndose esta figura como la extensión del otorgamiento de la residencia permanente debemos remitirnos a la regulación de esta, donde no se índica límites de edad. La Dirección Nacional de Migración solo establece la necesidad de presentar el certificado de matrimonio legalizado.

Uruguay (100) la Dirección Nacional de Migraciones no establece entre sus requisitos límite de edad para reagrupante y cónyuge. Esta institución solo precisa de la partida de matrimonio o de unión concubinaria y la cédula de identidad del reagrupante.

1.5. Accesibilidad para niños menores

Argentina (100): El Art. 10 de la Ley de Migraciones solo establece el requisito de ser hijos solteros menores o hijos mayores con capacidades diferentes pero no hace distinción entre las categorías planteadas. Entre los requisitos establecidos por la Dirección Nacional de Migraciones se encuentra la presentación de la partida de nacimiento.

Brasil (100): La sección I del Art 37 de la Ley de Migración solo establece la necesidad de ser hijo de residente legal para solicitar la reagrupación familiar pero no hace distinción entre hijos menores, adoptados o de custodia compartida. Por tanto, se entiende que los tres entrarían dentro del grupo. La sección III)) del Art. 2 de la PORTARIA INTERMINISTERIAL nº 12 también incluye a hijastros de residente legal de hasta 18 años o de hasta 24 si se comprueba que son estudiantes o dependientes económicamente del reagrupante.

Paraguay (100): La única mención a la reagrupación familiar en la legislación paraguaya (Art. 21 de la Ley de Migraciones) solo hace referencia a hijos menores (no incluye mayores discapacitados) por lo que se entendería que no se establece ninguna jerarquía. Tampoco se menciona en el documento de Política Migratoria.

Uruguay (100): El Art. 10 de la Ley de Migraciones solo establece el requisito de ser hijos solteros menores o hijos mayores con discapacidad pero no hace distinción entre las categorías planteadas. Entre los requisitos establecidos por la Dirección Nacional de Migraciones se encuentra la presentación de la partida de nacimiento.

1.6. Padres o abuelos dependientes

Argentina (50): El Art. 10 de la Ley de Migraciones establece la reunificación familiar para padres, cónyuges, hijos menores e hijos con capacidades diferentes. Por tanto, no todos los parientes dependientes pueden solicitar esta figura ya que el matiz de dependencia solo incluye a hijos mayores. Los padres si tienen derecho a la reunificación familiar.

Brasil (50): La sección VI) del Art 2 de la PORTARIA INTERMINISTERIAL nº 12 establece que tienen derecho a la reagrupación familiar los ascendientes de **hasta segundo grado** de residentes legales sin establecer grado de dependencia.

Paraguay (50): La única mención a la reagrupación familiar en la legislación paraguaya en el Art. 21 de la Ley de Migraciones solo hace referencia a cónyuge, hijos menores y padres del extranjero con residencia permanente, por lo que no se incluiría la categorización de dependencia. Solo los padres podrían optar a la reagrupación familiar.

Uruguay (50): El Art 10. de la Ley de Migraciones reconoce el derecho a la reagrupación familiar a padres, cónyuges, concubinos, hijos solteros menores o mayores con discapacidad, por lo tanto no incluye a otros ascendientes más allá de los padres.

1.7. Existencia de hijos mayores a cargo

Argentina (50): El Art. 10 de la Ley de Migraciones hace referencia a «hijos mayores con capacidades diferentes», lo que se entiende como hijos adultos discapacitados (en cuestiones de salud) y limita la reagrupación familiar a ese grupo.

Brasil (100): La sección II) del Art. 37 de la Ley de Migraciones reconoce la reagrupación familiar al hijo de residente legal y no hace distinción alguna de categorías de edad ni dependencia. Aquel que solicite la reagrupación familiar debe demostrar únicamente ser «filho de imigrante beneficiário de autorização de residência». Además, el Art. 2 de la Resolução Normativa nº 108 describe lo que se entiende por «dependientes»: descendentes menores de 18 anos, ou de qualquer idade, quando comprovada a incapacidade de prover o próprio sustento; ascendentes ou descendentes, desde que demonstrada a necessidade de amparo pelo interessado; irmão, neto ou bisneto se órfão, solteiro e menor de 18 anos, ou de qualquer idade, quando comprovada a incapacidade de prover o próprio sustento; e cônjuge ou companheiro ou companheira, em união estável, sem distinção de sexo, de cidadão brasileiro ou de estrangeiro temporário ou permanente no Brasil.

Paraguay (0): La única mención a la reagrupación familiar en la legislación paraguaya (Art. 21 Ley de Migraciones) solo hace referencia a hijos menores y no incluye a hijos mayores dependientes.

Uruguay (50): La acepción que recoge el Art. 10 de la Ley de Migraciones es «hijos solteros menores o mayores con discapacidad», algo que se limitaría al terreno de la salud.

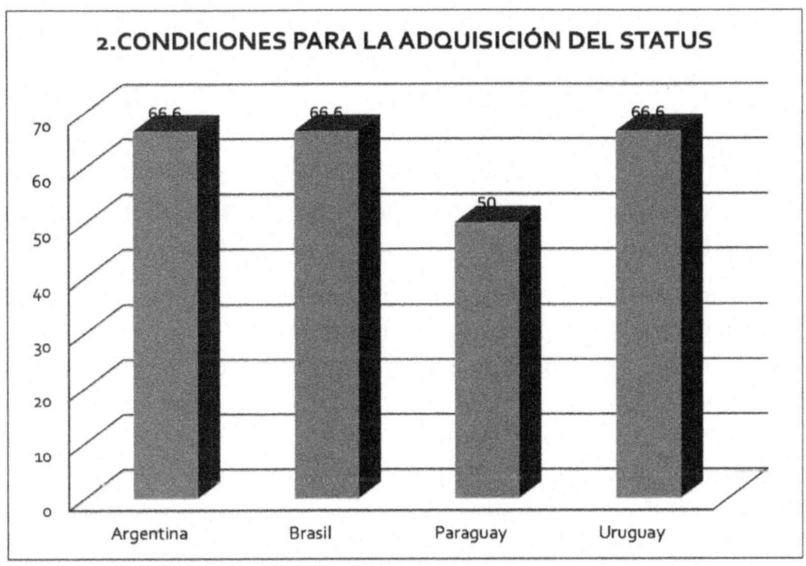

Fuente: Elaboración propia a través de los datos obtenidos en nuestra investigación utilizando la metodología MIPEX.

INDICADORES

2.1. Requisitos de integración previos a la entrada

A la espera de comunicaciones por parte de los Estados.

2.2. Requisitos de integración posteriores a la entrada

A la espera de comunicaciones por parte de los Estados.

2.3. Alojamiento

Argentina (100): En la legislación argentina no se precisa que el alojamiento del inmigrante deba presentar ningún requisito específico previo. Entre los requisitos necesarios planteados por la Dirección Nacional de Migraciones tampoco se presenta ninguna condición de esta índole.

Brasil (100): La legislación brasileña no establece ningún tipo de requisito explícito sobre el alojamiento. Entre los requisitos establecidos por la Policía Federal para solicitar la reagrupación familiar tampoco consta.

Paraguay (100): Si nos remitimos a lo que solicita Paraguay para solicitar la residencia permanente (ya que la reagrupación familiar se considera como una extensión de esta) no se encuentra ninguna exigencia de esta índole. Los interesados deben presentar, entre otras cosas, demostración de solvencia económica y certificado sanitario, pero ningún documento sobre el tipo de alojamiento.

Uruguay (100): Si nos remitimos a los requisitos solicitados para el trámite de reagrupación familiar no encontramos condiciones de esta índole.

2.4. Medios económicos

Argentina (100): No se describe un nivel establecido de recursos económicos. Para solicitar la reagrupación familiar se exige documentación que acredite la solvencia económica del llamante: Últimos tres (3) recibos de haberes en caso de trabajar en relación de dependencia En el caso de los rentistas la sección b) del Art. 23 del Dec. nº 616/2010 establece que «deberá probar que el monto de las rentas que perciba resulta suficiente para atender a su manutención y la de su grupo familiar primario».

Brasil (100): Según la Portaria Interministerial nº 12, entre los requisitos establecidos para solicitar la figura de la reagrupación familiar no se exige un nivel determinado de recursos económicos.

Paraguay (50): Al no existir legislación referente a la reagrupación familiar más allá del Art. 21 de la Ley de Migraciones debemos remitirnos a los requisitos que la Dirección Nacional de Migraciones establece para la solicitud de la residencia permanente. Así, la solvencia económica varía dependiendo de la categoría del migrante (empleado, estudiante, profesionales, agricultores, jubilados).

Uruguay (50): En los requisitos para la obtención de la residencia permanente se exige la presentación de solvencia económica con ingresos mensuales nominales dependiendo del tipo de empleo que demuestren que pueden soportar la manutención. Para solicitar la reagrupación familiar de hijos menores es necesario presentar una constancia laboral pero no específica el tipo de ingresos que se deba ostentar.

2.5. Costos de la solicitud

Argentina (0): La tasa de permiso de ingreso es de 300$ para nacionales de Mercosur y de 600$ para aquellos inmigrantes provenientes de fuera del bloque. Están exentos del pago de esta tasa los menores de 16 años y aquellos que acrediten encontrarse en una situación de pobreza.

Brasil (0): La tasa del procedimiento de validación de la autorización de residencia asciende a R$ 168,13 y la de emisión de la cédula de identidad de inmigrante a R$ 204,77. La tramitación de la cédula de identidad brasileña es gratuita para nacionales.

Paraguay (0): Al no existir regulación específica para la figura de la reagrupación familiar más allá del Art. 21 de la Ley de Migración debemos remitirnos a las tasas establecidas para el procedimiento general de residencia permanente que, según la Dirección general de Migración son de Gs. 1.408.380 para permanentes y Gs. 1.337.961 para temporarios.

Uruguay (50): Los trámites para la obtención de la reunificación familiar para hijos menores no tienen costo y se pueden realizar en línea o de manera presencial. Sin embargo, la solicitud de residencia permanente que deben tramitar el resto de familiares tiene un coste de 1955$ del trámite de residencia y 195 $ de la cédula, según la Dirección de Migraciones.

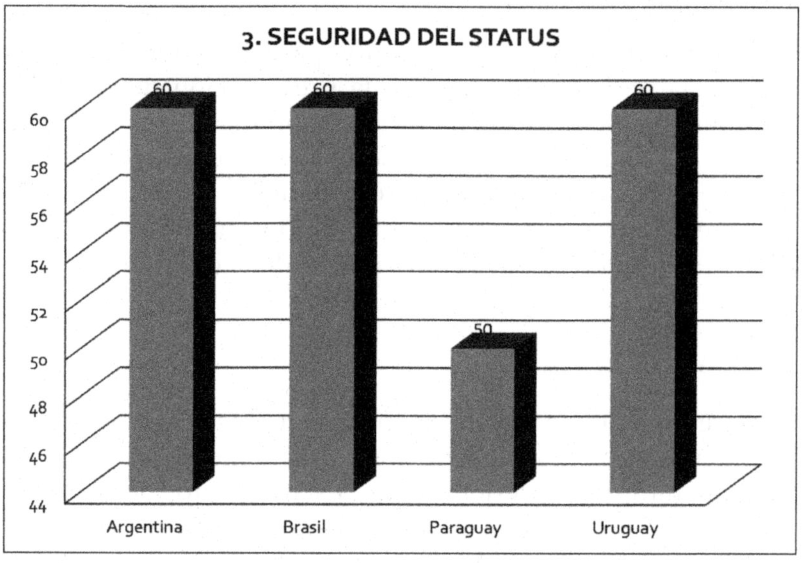

Fuente: Elaboración propia a través de los datos obtenidos en nuestra investigación utilizando la metodología MIPEX.

INDICADORES

3.1. Duración máxima del proceso

Argentina (0): El Art. 20 de la Ley de Migraciones establece la posibilidad de otorgar una residencia precaria de 180 días renovables antes de que se resuelva la admisión pero no señala un plazo máximo para la comunicación de la decisión. La

Dirección Nacional de Migraciones tampoco impone plazos de duración del procedimiento.

Brasil (0): Ni la Ley de Migraciones con su respectivo Decreto n° 9.199 ni la Portaria Interministerial n° 12 que regula la figura de la reagrupación familiar en Brasil establecen un plazo máximo de duración del procedimiento.

Paraguay (0): No se indica duración máxima del procedimiento.

Uruguay (0): Ni la Ley de Migraciones ni el Decreto n° 394/009 que la regula hacen mención explícita a ningún periodo máximo de duración del procedimiento. La Dirección Nacional de Migraciones tampoco establece ningún plazo máximo.

3.2. Validez del permiso

Argentina (100): Los Art. 22 y 23 del Decreto 616/2010 establecen la posibilidad de los inmigrantes con residencia temporaria y permanente de reagruparse con sus familiares. Se entiende así que estos gozarían de la misma duración de permiso que el reagrupante.

Brasil (100): Si se acredita que el reagrupante goza de permiso de residencia indefinido, el familiar podrá solicitar de igual manera la reagrupación familiar indefinida. La reagrupación temporaria tiene duración de un año, al igual que el visado de residencia temporaria, según establecen los Art. 4 de la Portaria Interministerial n° 12 y el Art. 16 del Decreto n° 9.199.

Paraguay (0): Al no haber una referencia clara en la legislación paraguaya sobre la figura de la residencia permanente más allá del Art. 21 de la Ley de Migración que lo menciona como una extensión del otorgamiento de la residencia permanente, se entiende que los familiares tendrán que pasar por el mismo proceso aplicándose los criterios pertinentes según el caso.

Uruguay (100): El Art. 10 de la Ley de Migraciones dispone que el Estado asegurará el derecho de los inmigrantes con residencia legal a la reagrupación familiar con padres, cónyuges, concubinos, hijos menores y mayores con discapacidad.

3.3. Motivos para el rechazo o la retirada

Argentina (100): El Decreto 70/2017 en su Artículo 6 (que sustituye al artículo 62 de la Ley N° 25.871) establece todos los motivos por los que puede retirarse la residencia y entre ellos incluye el fraude a la ley, la condena o la ausencia por un periodo superior a 2 años o la mitad del plazo acordado.

Brasil (100): La legislación brasileña no establece impedimentos específicos para la concesión de la figura de la reagrupación familiar ni para su retirada, por lo que debemos referirnos a las restricciones generales establecidas para la consecución de la residencia temporaria y permanente. Los Art. 133-136 del Decreto nº 9199 establecen las situaciones en las que será denegado el ingreso. Entre ellas se encuentran los ataques ante la seguridad pública, el fraude en la presentación de los requisitos o la ausencia en el país por más de dos años sin causa justificada.

Paraguay (100): Al no existir legislación referente a la reagrupación familiar más allá del Art. 21 de la Ley de Migraciones debemos referirnos a lo establecido para la figura de la residencia permanente. El Art. 34 de la Ley de Migraciones establece los supuestos en los que esta puede ser denegada o retirada. Entre ellos se encuentra haber realizado acciones que violaron las condiciones que le otorgaron la residencia, no realizar las actividades exigidas si así fuere el caso y haber permanecido fuera de territorio nacional por un lapso superior a 3 años. Además, la sección b) del Art. 35 de la misma Ley establece lo siguiente: «La Justicia ordinaria podrá resolver no cancelar su residencia permanente en razón de su edad avanzada, su estado grave de salud, de que su cónyuge o descendientes en línea recta sean paraguayos y vivan en el país o cuando el cónyuge y los descendientes en línea recta menores de edad o impedidos sean extranjeros con residencia permanente en el país».

Uruguay (100): La legislación uruguaya no establece impedimentos específicos para la concesión de la figura de la reagrupación familiar o para su retirada. Por ello, debemos referirnos a la normativa vigente en términos de residencia permanente ya que es en la práctica la que está regulada. El Art. 46 de la Ley de Migraciones establece lo siguiente: « Son causales de denegatoria de la residencia de las personas:

1) Haber sido procesadas o condenadas por delitos comunes de carácter doloso cometidos en el país o fuera de él, que merezcan según las leyes de la República la aplicación de penas privativas de libertad mayores de los dos años.
2) Registrar una conducta reiterante en la comisión de delitos.» El Art. 47 de la misma ley establece los escenarios en los que la residencia sería retirada entre los que se incluyen actos fraudulentos o de carácter doloso, de terrorismo o el haber permanecido fuera del país por más de 3 años. El Art. 48 aparta de la cancelación a los familiares de nacionales pero no menciona a los de residentes permanentes.

3.4. Consideraciones personales

Argentina (0): El Art. 6 del Decreto 70/2017 establece lo siguiente: Excepcionalmente, en los casos comprendidos en los incisos a) y e), y en los supuestos del inciso c) y de cancelación automática, si el delito doloso mereciera para la legislación nacional pena privativa de la libertad cuyo monto máximo no exceda de TRES (3) años de prisión, o cuando sea de carácter culposo, la DIRECCIÓN NACIONAL DE MIGRACIONES podrá dispensar la cancelación de la residencia si el extranjero invocare reunificación familiar respecto de progenitor, hijo o cónyuge ciudadano argentino. Asimismo, se tendrá especialmente en consideración el tiempo que la persona lleve residiendo legalmente en el territorio nacional. Fuera de los supuestos expresamente enumerados no podrá hacerse lugar al trámite excepcional regulado en el presente párrafo, sin perjuicio de las previsiones de la Ley N° 26.165. Cuando en los términos del párrafo precedente se invoque el derecho a la reunificación familiar, deberá acreditarse la convivencia. A dichos fines no se considerará al extranjero de quien se comprobare que se hubiera desinteresado afectiva o económicamente de la persona cuyo vínculo familiar invoque.» Es decir, solo menciona la posibilidad de recurrir a la solidez de los vínculos familiares para parientes de ciudadanos argentinos pero no hace mención a aquellos de inmigrantes con residencia legal.

Brasil (0): La legislación brasileña en materia de reagrupación familiar no menciona ninguno de estos supuestos. Los Art. 132-141 del DEC nº 9.199 que regulan la negativa, pérdida o denegación de la residencia no establecen ningún tipo de consideraciones a tener en cuenta antes de decidir denegar o retirar el permiso de residencia al interesado.

Paraguay (50): La sección b) del Art. 35 de la Ley de Migraciones establece que la justicia ordinaria puede resolver no cancelar su residencia permanente en razón de su [la del inmigrante] edad avanzada, su estado grave de salud, de que su cónyuge o descendientes en línea recta sean paraguayos y vivan en el país o cuando el cónyuge y los descendientes en línea recta menores de edad o impedidos sean extranjeros con residencia permanente en el país.» Es decir, se tienen en cuenta los vínculos con los cónyuges o hijos menores o impedidos residentes permanentes en el país.

Uruguay (0): El Art. 48 de la Ley de Migraciones establece que «la cancelación de la residencia permanente o temporaria no se efectivizará en los casos en que la persona extranjera fuera madre, padre, cónyuge o concubino del nacional», sin embargo no menciona a los familiares de inmigrantes con residencia legal. Más allá de esto, la legislación uruguaya no establece ninguna otra condición a tener en cuenta que condicione la decisión de denegación o retirada del permiso.

3.5. Protección legal

Argentina (100): Los Art. 74-89 de la Ley de Migraciones establecen la posibilidad del migrante de utilizar el recurso de reconsideración y de recurrir a la vía judicial si se ha agotado previamente la vía administrativa para recurrir a decisiones de denegación de la admisión o retira de la residencia (recurso de reconsideración, jerárquico o alzada) Además, el Art. 86 del Dec. nº 9.199 establece que «Los extranjeros que se encuentren en territorio nacional y que carezcan de medios económicos, tendrán derecho a asistencia jurídica gratuita en aquellos procedimientos administrativos y judiciales que puedan llevar a la denegación de su entrada, al retorno a su país de origen o a la expulsión del territorio argentino. Además tendrán derecho a la asistencia de intérprete/s si no comprenden o hablan el idioma oficial.»

Brasil (100): El Art. 134 del Decreto nº 9.199 que regula la Ley de Migración establece la posibilidad de interponer un recurso ante la denegación de la residencia e iniciar la vía administrativa en un plazo de diez días.

Paraguay (100): El migrante puede interponer recurso jerárquico en un plazo de tres días que el Ministerio del Interior resolverá en un plazo de ocho días (Art. 116-117 Ley de Migraciones).

Uruguay (100): El Art. 53 de la Ley de Migraciones dispone que «las resoluciones administrativas que disponen la expulsión de las personas extranjeras serán pasibles de impugnación por el régimen de recursos previsto en el Art. 317 de la Constitución de la República, demás disposiciones legales y concordantes y tendrán efecto suspensivo».

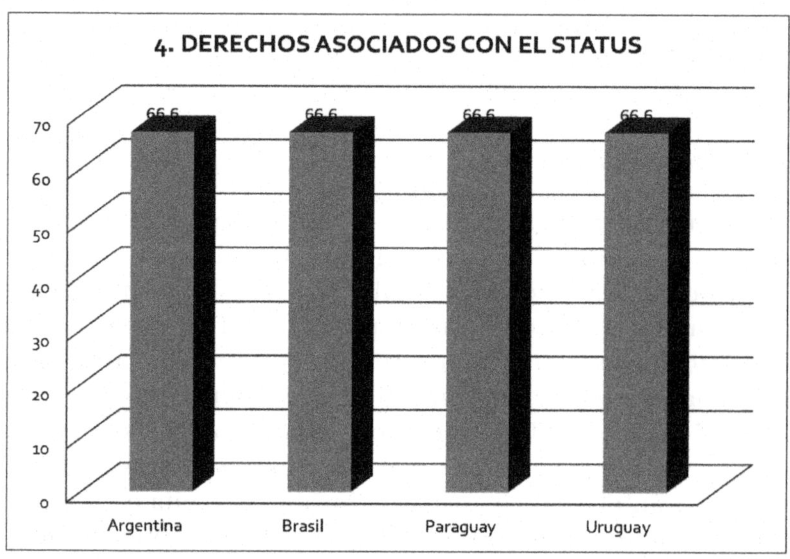

Fuente: Elaboración propia a través de los datos obtenidos en nuestra investigación utilizando la metodología MIPEX.

INDICADORES

4.1. Derecho a un permiso de residencia autónomo

Argentina (0): La legislación argentina no establece el derecho de los familiares reagrupados a obtener su propio permiso de residencia por lo que para ello deben remitirse a los procedimientos comunes para la obtención de tal figura tal y como se indican en el Art. 22 de la Ley de Migraciones.

Brasil (0): Ni la Portaria Interministerial n° 12 ni la Ley de Migraciones (Lei 13.445) establecen el derecho de los reagrupados a obtener permiso de residencia propio. Deben ajustarse a los requisitos estipulados para la obtención de la residencia permanente.

Paraguay (0): La legislación paraguaya no menciona el derecho a permiso de residencia autónomo. El permiso debe gestionarse siguiendo las normativas generales para la obtención de la residencia permanente.

Uruguay (0): En la legislación uruguaya no se menciona el derecho del familiar del reagrupante de conseguir permiso autónomo. El procedimiento que se debe seguir es el general para el trámite de la residencia permanente.

4.2. Derecho a un permiso de residencia autónoma en caso de divorcio, separación, muerte o violencia

Ninguno de los países que analizamos concibe este supuesto en su legislación, por lo que la puntuación que obtienen los cuatro es de 0.

4.3. Acceso a la educación

Argentina (100): Según el Art. 6 de la Ley de Migraciones, «El Estado en todas sus jurisdicciones, asegurará el acceso igualitario a los inmigrantes y sus familias en las mismas condiciones de protección, amparo y derechos de los que gozan los nacionales, en particular lo referido a servicios sociales, bienes públicos, salud, educación, justicia, trabajo, empleo y seguridad social.» El Decreto nº 616/2010 en su Art. 6 declara que la Dirección Nacional de Migraciones «prestará colaboración con otras áreas de los Gobiernos Nacional, Provincial, Municipal y de la CIUDAD AUTÓNOMA DE BUENOS AIRES, en aquellas acciones o programas tendientes a lograr la integración de los migrantes a la sociedad de recepción y a garantizar su acceso a los servicios sociales, bienes públicos, salud, educación, justicia, trabajo, empleo y seguridad social, en igualdad de condiciones con los nacionales». Por otra parte, el Art 7 de dicho reglamento establece lo siguiente: «En ningún caso la irregularidad migratoria de un extranjero impedirá su admisión como alumno en un establecimiento educativo, ya sea este público o privado; nacional, provincial o municipal; primario, secundario, terciario o universitario. Las autoridades de los establecimientos educativos deberán brindar».

Brasil (100): En el caso de Brasil, la sección XI) del Art. 3 de la Ley de Migraciones establece el «acesso igualitário e livre do migrante a serviços, programas e benefícios sociais, bens públicos, educação, assistência jurídica integral pública, trabalho, moradia, serviço bancário e seguridade social». De la misma manera, el Art. 256 del Dec. 9199 asegura políticas públicas de «promoção de condições de vida digna, por meio, entre outros, da facilitação do registro consular e da prestação de serviços consulares relativos às áreas de educação, saúde, trabalho, previdência social e cultura».

Paraguay (100): En Paraguay, se reconoce a las personas inmigrantes y a sus familiares que ingresan al país para residir temporal o permanentemente, los mismos derechos y garantías constitucionales y legales que asisten a los connacionales, entre otros el derecho a un trabajo digno, al seguro social, la educación y la salud, la reunificación familiar, el envío o recepción de remesas de dinero para apoyo a su familia y el acceso a la justicia y al debido proceso, en el marco de las leyes correspondientes.

Uruguay (100): En Uruguay, el Art. 8 de la Ley de Migraciones establece lo siguiente: «Las personas migrantes y sus familiares gozarán de los derechos de salud, trabajo, seguridad social, vivienda y educación en pie de igualdad con los nacionales. Dichos derechos tendrán la misma protección y amparo en uno y otro caso». Es decir, se asegura el derecho a la educación.

4.4. Acceso al empleo y al auto-empleo

Argentina (100): El Art. 6 del Dec. nº 616/2010 establece que la Dirección Nacional de Migración «prestará colaboración con otras áreas de los Gobiernos Nacional, Provincial, Municipal y de la CIUDAD AUTÓNOMA DE BUENOS AIRES, en aquellas acciones o programas tendientes a lograr la integración de los migrantes a la sociedad de recepción y a garantizar su acceso a los servicios sociales, bienes públicos, salud, educación, justicia, trabajo, empleo y seguridad social, en igualdad de condiciones con los nacionales». Dentro de esta categoría, se entendería que los servicios sociales incluyen acceso al empleo.

Brasil (100): La sección XI) del Art. 3 de la Ley de Migraciones establece el «acesso igualitário e livre do migrante a serviços, programas e benefícios sociais, bens públicos, educação, assistência jurídica integral pública, trabalho, moradia, serviço bancário e seguridade social». Por tanto, se asegura el derecho al trabajo (trabalho) de los migrantes.

Paraguay (100): Se reconoce a las personas inmigrantes y a sus familiares que ingresan al país para residir temporal o permanentemente, los mismos derechos y garantías constitucionales y legales que asisten a los connacionales, entre otros el derecho a un trabajo digno, al seguro social, la educación y la salud, la reunificación familiar, el envío o recepción de remesas de dinero para apoyo a su familia y el acceso a la justicia y al debido proceso, en el marco de las leyes correspondientes.

Uruguay (100): En Uruguay, el Art. 8 de la Ley de Migraciones establece lo siguiente: «Las personas migrantes y sus familiares gozarán de los derechos de salud, trabajo, seguridad social, vivienda y educación en pie de igualdad con los nacionales. Dichos derechos tendrán la misma protección y amparo en uno y otro caso». Es decir, se asegura el derecho al empleo de los inmigrantes y sus familias en consonancia con los nacionales.

4.5. Acceso a beneficios sociales

Argentina (100): El Art. 6 del Dec. nº 616/2010 establece que la Dirección Nacional de Migración «prestará colaboración con otras áreas de los Gobiernos Nacional, Provincial, Municipal y de la CIUDAD AUTÓNOMA DE BUENOS AIRES, en aquellas acciones o programas tendientes a lograr la integración de los migrantes a la sociedad de recepción y a garantizar su acceso a los servicios sociales, bienes públicos, salud, educación, justicia, trabajo, empleo y seguridad social, en igualdad de condiciones con los nacionales».

Brasil (100): La sección XI) del Art. 3 de la Ley de Migraciones establece el «acesso igualitário e livre do migrante a serviços, programas e benefícios sociais, bens públicos, educação, assistência jurídica integral pública, trabalho, moradia, serviço bancário e seguridade social». Por tanto, se asegura el derecho a beneficios sociales para los migrantes.

Paraguay (100): Se reconoce a las personas inmigrantes y a sus familiares que ingresan al país para residir temporal o permanentemente, los mismos derechos y garantías constitucionales y legales que asisten a los connacionales, entre otros el derecho a un trabajo digno, al seguro social, la educación y la salud, la reunificación familiar, el envío o recepción de remesas de dinero para apoyo a su familia y el acceso a la justicia y al debido proceso, en el marco de las leyes correspondientes.

Uruguay (100): El Art. 8 de la Ley de Migraciones establece lo siguiente: «Las personas migrantes y sus familiares gozarán de los derechos de salud, trabajo, seguridad social, vivienda y educación en pie de igualdad con los nacionales. Dichos derechos tendrán la misma protección y amparo en uno y otro caso». Es decir, se asegura el derecho a servicios sociales de los inmigrantes y sus familias en consonancia con los nacionales.

4.6. Acceso a la vivienda

Argentina (100): El Art. 6 del Dec. n° 616/2010 establece que la Dirección Nacional de Migración «prestará colaboración con otras áreas de los Gobiernos Nacional, Provincial, Municipal y de la CIUDAD AUTÓNOMA DE BUENOS AIRES, en aquellas acciones o programas tendientes a lograr la integración de los migrantes a la sociedad de recepción y a garantizar su acceso a los servicios sociales, bienes públicos, salud, educación, justicia, trabajo, empleo y seguridad social, en igualdad de condiciones con los nacionales». Dentro de esta categoría, se entendería que los servicios sociales incluyen acceso a la vivienda.

Brasil (100): La sección XI) del Art. 3 de la Ley de Migraciones establece el «acesso igualitário e livre do migrante a serviços, programas e benefícios sociais, bens públicos, educação, assistência jurídica integral pública, trabalho, moradia, serviço bancário e seguridade social». Por tanto, se asegura el derecho a vivienda (moradia) de los migrantes.

Paraguay (100): Se reconoce a las personas inmigrantes y a sus familiares que ingresan al país para residir temporal o permanentemente, los mismos derechos y garantías constitucionales y legales que asisten a los connacionales, entre otros el derecho a un trabajo digno, al seguro social, la educación y la salud, la reunificación familiar, el envío o recepción de remesas de dinero para apoyo a su familia y el acceso a la justicia y al debido proceso, en el marco de las leyes correspondientes.

Uruguay (100): El Art. 8 de la Ley de Migraciones establece lo siguiente: «Las personas migrantes y sus familiares gozarán de los derechos de salud, trabajo, seguridad social, vivienda y educación en pie de igualdad con los nacionales. Dichos derechos tendrán la misma protección y amparo en uno y otro caso». Es decir, se asegura el derecho a vivienda de los inmigrantes y sus familias en consonancia con los nacionales.

3) EDUCACIÓN

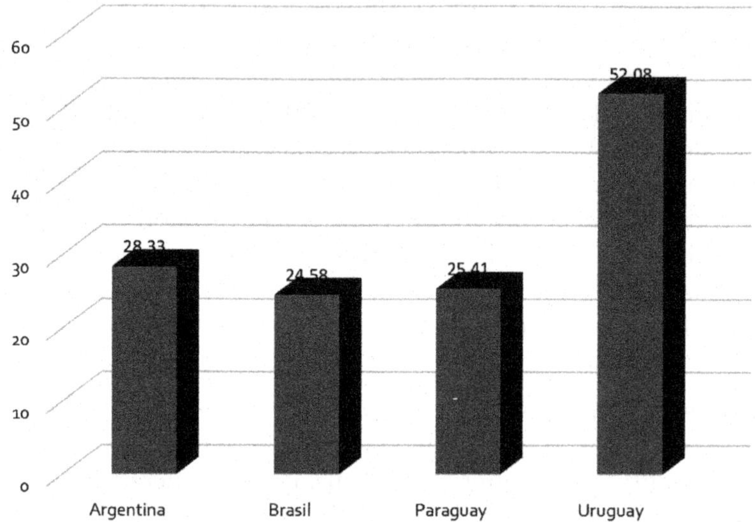

Fuente: Elaboración propia a través de los datos obtenidos en nuestra investigación utilizando la metodología MIPEX.

En esta área de política, Uruguay aparece bastante diferenciado de sus vecinos latinoamericanos con un puntaje de 52,08 sobre 100 en la escala MIPEX, siendo el único de los cuatro países analizados que alcanza y supera el 50 %. El sistema educativo uruguayo se caracteriza por apertura y universalidad, estando el acceso directo abierto incluso para aquellos alumnos que en el momento de la inscripción no reúnen toda la documentación necesaria. Además, el Estado uruguayo ofrece seguimiento y apoyo en materia educativa para que los recién llegados puedan realizar su inmersión académica de la manera más ágil y satisfactoria posible.

Por su parte, tanto Argentina como Paraguay y Brasil obtienen puntajes que en ningún caso logran alcanzar el 30 %. A pesar de asegurar el acceso a la educación a todos los inmigrantes que llegan a sus territorios, estos países se alejan de los parámetros ideales considerados por MIPEX por no ofrecer un asesoramiento lo suficientemente específico a los recién llegados ni incluir cuestiones sobre interculturalidad o movilidad humana en sus currículos escolares.

DIMENSIONES

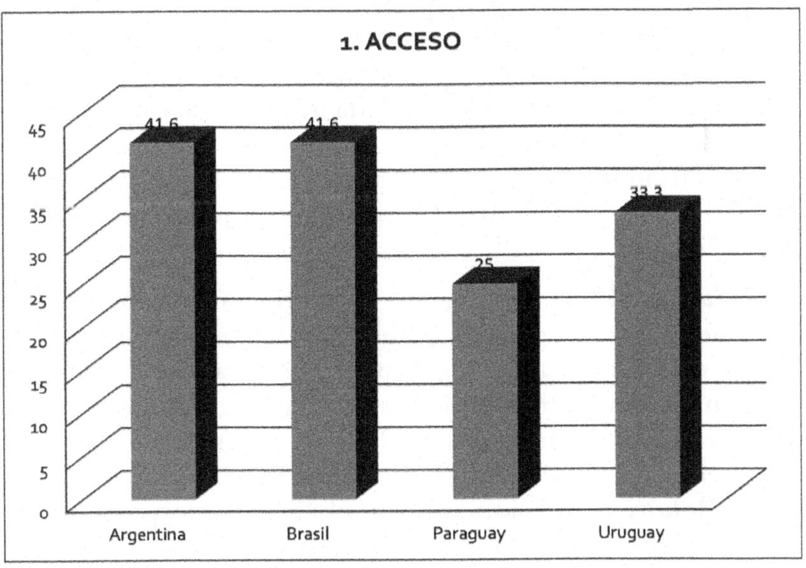

Fuente: Elaboración propia a través de los datos obtenidos en nuestra investigación utilizando la metodología MIPEX.

INDICADORES

1.1. Acceso a educación primaria y obligatoria

Argentina (50): La Ley de Migraciones (Art. 7) y la Ley de Educación (Art. 143) establecen que todos los inmigrantes, sin importar su status legal, tienen el mismo derecho a la educación que los nacionales. Una vez inscriptos estos estudiantes en el sistema educativo, pasan a ser beneficiarios de políticas públicas que los incluyen pero no son exclusivas para inmigrantes. Es decir, los inmigrantes gozan del mismo derecho a la educación que los nacionales pero no existen acciones específicas para aumentar su participación o mejorar su rendimiento. Se rigen por las mismas normas que los nacionales.

Brasil (50): La sección X) del Art. 3 de la Ley de Migraciones establece el derecho de los inmigrantes a la educación pública, sin distinciones de nacionalidad y condición migratoria (direito à educação pública, vedada a discriminação em razão da nacionalidade e da condição migratória). No obstante, no existen acciones específicas para inmigrantes que regulen en la materia; se ajustan a las mismas condiciones generales que los nacionales.

Paraguay (50): En el Párrafo 62 del documento de Política Migratoria del Paraguay se reconoce «a las personas inmigrantes y a sus familiares que ingresan al país para residir temporal o permanentemente, los mismos derechos y garantías constitucionales y legales que asisten a los connacionales, entre otros el derecho a un trabajo digno, al seguro social, la educación y la salud, la reunificación familiar, el envío o recepción de remesas de dinero para apoyo a su familia y el acceso a la justicia y al debido proceso, en el marco de las leyes correspondientes. Los plazos y condiciones para obtener la residencia temporal o permanente serán establecidos por la normativa migratoria.» Es decir, iguala a los residentes legales en derechos con los nacionales, pero no especifica ningún marco específico para estos. No menciona inmigrantes irregulares.

Uruguay (50): En el Centro de Información Oficial se habilitó el pasado mes de mayo un Punto de Atención y Asesoramiento a Migrantes en temas educativos para brindar asesoramiento a migrantes que llegan a nuestro país en todo lo relacionado al sistema educativo, su oferta y dónde realizar los trámites de inscripción y reválidas. La existencia de ese punto facilita el acceso de las personas migrantes a la educación en Uruguay.

1.2. Derecho a la educación obligatoria

Argentina (100): El Art. 6 de La Ley 25.871 establece lo siguiente: «El Estado en todas sus jurisdicciones, asegurará el acceso igualitario a los inmigrantes y sus familias en las mismas condiciones de protección, amparo y derechos de los que gozan los nacionales, en particular lo referido a servicios sociales, bienes públicos, salud, educación, justicia, trabajo, empleo y seguridad social.» Además, el Art. 7 de la misma ley recalca que «en ningún caso la irregularidad migratoria de un extranjero impedirá su admisión como alumno en un establecimiento educativo, ya sea este público o privado; nacional, provincial o municipal; primario, secundario, terciario o universitario.» Es importante distinguir que el Estado argentino concibe la educación obligatoria desde los 4 a los 18 años, estando esta dividida en inicia (dos últimos cursos obligatorios), primaria y secundaria.

Brasil (100): La sección X) del Art. 3 de la Ley 13.445 establece el derecho del inmigrante a «educação pública, vedada a discriminação em razão da nacionalidade e da condição migratória». Es decir, se incluye a todos los inmigrantes sin importar su condición migratoria (se entiende que los indocumentados también se incluyen en esta categoría). En Brasil la educación obligatoria va de los 4 a los 17 años (Art. 208 Constituiçao Federal).

En **Paraguay (50)**: En el Párrafo 62 del documento de Política Migratoria del Paraguay se reconoce «a las personas inmigrantes y a sus familiares que ingresan al país para residir temporal o permanentemente, los mismos derechos y garantías constitucionales y legales que asisten a los connacionales, entre otros el derecho a un trabajo digno, al seguro social, la educación y la salud, la reunificación familiar, el envío o recepción de remesas de dinero para apoyo a su familia y el acceso a la justicia y al debido proceso, en el marco de las leyes correspondientes. Los plazos y condiciones para obtener la residencia temporal o permanente serán establecidos por la normativa migratoria.» Es decir, la educación sería un derecho para residentes legales y permanentes pero no se menciona otros inmigrantes con otros permisos ni a los indocumentados.

Uruguay (100) El Art. 48 del Dec. nº 394/009 establece lo siguiente: «A efectos de asegurar a los hijos de los trabajadores migrantes el derecho a la educación las instituciones receptoras públicas habilitadas o autorizadas, en caso de que no reúnan la documentación para su inscripción, realizarán la misma con carácter provisorio por un plazo de un año haciendo valer esta disposición. La referida documentación será requerida para el otorgamiento de la certificación cuando corresponda. En caso de persistir la imposibilidad manifiesta del interesado, se expedirá el Ministerio de Educación y Cultura.»

1.3. Reconocimiento de los estudios previos

Argentina (0): No hay medidas especiales para migrantes. De acuerdo con la Dirección de Validez Nacional de Títulos y Estudios:

- Primaria: Si se ingresa al país con estudios incompletos, hay que acudir al centro educativo o a la Dirección del Nivel correspondiente de la jurisdicción donde continuarán sus estudios, con toda la documentación escolar probatoria y legalizada de lo cursado en el exterior.
- Secundaria:
    - Para los países con convenio: Trámite de convalidación. Vale la simple remisión a la Dirección de Validez Nacional de Títulos y Estudios.

  - Países sin convenio: Trámite de reconocimiento. Hay que acudir a las autoridades educativas de la jurisdicción donde resida para rendir las asignaturas de Formación Nacional + iniciar el trámite de reconocimiento en esta Dirección.

- Universidad. De acuerdo con la Secretaría de Políticas Universitarias del Ministerio de Educación
  - Títulos de países con convenio: Convalidación mediante el Ministerio de Educación.
  - Títulos de países sin convenio: Reválida a través de una universidad nacional. Cada una tiene autonomía de procedimiento.

Brasil (0). No hay medidas especiales para migrantes. Distinguimos entre:

- Primaria y Secundaria. Es de competencia de las Secretarias Estaduais de Educação, no conlleva ningún trámite en el Ministerio de Educación. Se debe aportar:
  - La traducción del historial escolar y el diploma.
  - El historial escolar en caso de que se hayan realizado estudios anteriores en Brasil.
  - Ello se debe llevar a la Secretaria de Educación del Estado donde se vaya a fijar la residencia y allí solicitar la equivalencia

- Universidad. Es de competencia exclusiva de las universidades públicas. El diploma de graduado ha de ser revalidado por una universidad pública brasileña, regularmente autorizada y mantenida por el Poder Público, que tenga curso reconocido del mismo nivel o área equivalente .

Paraguay: A la espera de respuesta por parte del Estado.

Uruguay (0): No existen criterios de calidad estandarizados ni personal especializado que evalúen en esta materia. Todos los estudiantes deben realizar un Cursillo de Integración al Uruguay. La reválida se realiza en el Consejo de Educación Secundaria, Sección Reválida de Inspección.

1.4. Acceso a la educación no obligatoria (jardín de la infancia, universidad, formación progesional etc.)

Argentina (100): En el artículo 7 de la Ley de Migraciones se establece que «en ningún caso la irregularidad migratoria de un extranjero impedirá su admisión como alumno en un establecimiento educativo, ya sea este público o privado; nacional, provincial o municipal; primario, secundario, terciario o universitario. Las autoridades de los establecimientos educativos deberán brindar orientación y asesoramiento respecto de los trámites correspondientes a los efectos de subsanar la irregularidad migratoria.» De igual manera, el Art. 7 del decreto 616/2010 establece que: «el Ministerio de Educación dictará las normas y dispondrá las medidas necesarias para garantizar a los extranjeros, aún en situación de irregularidad migratoria, el acceso a los distintos niveles educativos con el alcance previsto en la Ley No 26.206 (Ley de Educación)».

En Brasil (100), el Art.3.X de la Ley 13.445 establece el derecho del inmigrante a «educação pública, vedada a discriminação em razão da nacionalidade e da condição migratória». Es decir, se incluye a todos los inmigrantes sin importar su condición migratoria (se entiende que los indocumentados también se incluyen en esta categoría). No se especifica a qué niveles educativos se hace referencia, por lo que se entiende que entrarían todos dentro de la categoría «educación pública»

Paraguay (50) En el Párrafo 62 del documento de Política Migratoria del Paraguay se reconoce «a las personas inmigrantes y a sus familiares que ingresan al país para residir temporal o permanentemente, los mismos derechos y garantías constitucionales y legales que asisten a los connacionales, entre otros el derecho a un trabajo digno, al seguro social, la educación y la salud, la reunificación familiar, el envío o recepción de remesas de dinero para apoyo a su familia y el acceso a la justicia y al debido proceso, en el marco de las leyes correspondientes. Los plazos y condiciones para obtener la residencia temporal o permanente serán establecidos por la normativa migratoria.» Es decir, la educación sería un derecho para residentes legales y permanentes pero no se menciona otros inmigrantes con otros permisos ni a los indocumentados.

Uruguay (50): El Art. 49 del Dec. 394/009 establece que «el ingreso de estudiantes extranjeros a la Universidad de la República será regulado por lo establecido por su Ley Orgánica y demás disposiciones que dicte el Consejo Directivo Central de dicho Ente Autónomo.» Según dispone la Resolución no66 del CDC (Consejo Directivo Central de la Universidad de la República del Uruguay), salvo los hijos de diplomáticos nacidos en el exterior o de uruguayos, los perseguidos políticos y los que llegan por un convenio, los extranjeros deben residir al menos tres años en el país para poder anotarse en un curso de la UdelaR. Algunos departamentos de la Universidad han querido cambiar esto, ya que contradice el Art. 8 de la Ley de Migraciones (que establece derecho a la educación para inmigrantes en igualdad con nacionales), pero hoy en día se mantiene vigente. Por tanto, el acceso a la educación universitaria estaría limitado para inmigrantes.

1.5. Acceso a educación superior

Argentina (0): No existen medidas específicas para migrantes. La Ley 25.871 en su Art. 7 reconoce el derecho de los inmigrantes a acceder a todos los niveles educativos (primario, secundario, terciario —donde se incluiría la formación profesional— y universitario). Sin embargo, no se hace ninguna referencia específica en la legislación a la existencia de mecanismos específicos para inmigrantes para fomentar su integración ni resultados.

Brasil (0): No existen medidas específicas. La sección X) del Art. 3 de la Ley 13.445 establece el derecho del inmigrante a «educação pública, vedada a discriminação em razão da nacionalidade e da condição migratória». Es decir, se incluye a todos los inmigrantes sin importar su condición migratoria (se entiende que los irregulares también se incluyen en esta categoría). Se asume que la formación profesional entraría dentro de educación pública, pero no se especifican términos especiales para inmigrantes, se rigen por los mismos criterios que los nacionales.

Paraguay (0): No existen medidas específicas. El Párrafo 62 de la Política Migratoria de Paraguay concede el acceso a la educación a los residentes permanentes y temporarios en igualdad con los nacionales. Con acceso a educación se entienden todos los niveles educativos (entraría también la formación profesional), sin embargo no se estipula ningún marco específico que fomente el apoyo a los inmigrantes para el acceso a este sistema. Se rigen por las condiciones generales.

Uruguay (0): No existen medidas específicas. El Art 3. del Dec. 394/009 establece que las personas migrantes tendrán los mismos derechos laborales que los nacionales tanto en lo que se refiere a la admisión en el empleo, la remuneración, las condiciones de trabajo y el **acceso a los medios de formación profesional**. No existe ningún marco regulatorio específico para los migrantes relativo al acceso a este tipo de educación; se rigen por las consideraciones generales que afectan también a los nacionales.

1.6. Acceso a educación superior

Argentina (0): La Ley de Migraciones y la Ley de Educación establecen que todos inmigrantes, sin importar su *status* legal, tienen el mismo derecho a la educación que los nacionales.

Una vez inscritos estos estudiantes en el sistema educativo, pasan a ser beneficiarios de políticas públicas que los incluyen pero no son exclusivas para inmigrantes. Es decir, los inmigrantes gozan del mismo derecho a la educación que los nacionales pero no existen acciones específicas para aumentar su participación o mejorar su rendimiento. Se rigen por las mismas normas que los nacionales.

En **Brasil (0)**: La sección X) del Art. 3 de la Ley 13.445 establece el derecho del inmigrante a «educação pública, vedada a discriminação em razão da nacionalidade e da condição migratória». Es decir, se incluye a todos los inmigrantes sin importar su condición migratoria (se entiende que los indocumentados también se incluyen en esta categoría). Sin embargo, no se especifica qué nivel educativo es al que hace referencia la ley pues no se especifica; solo emplea el término «educación pública». Además, los inmigrantes gozan del mismo derecho a la educación que los nacionales pero no existen acciones específicas para aumentar su participación o mejorar su rendimiento. Se rigen por las mismas normas que los nacionales.

Paraguay (0): El Párrafo 62 de la Política Migratoria de Paraguay concede el acceso a la educación a los residentes permanentes y temporarios en igualdad con los nacionales. Con acceso a educación se entienden todos los niveles educativos (entraría también la formación universitaria), sin embargo no se estipula ningún marco específico que fomente el apoyo a los inmigrantes para el acceso a este sistema. Se rigen por las condiciones generales que afectan también a los nacionales.

Uruguay (0): El Art. 49 del Dec. 394/009 establece que «el ingreso de estudiantes extranjeros a la Universidad de la República será regulado por lo establecido por su Ley Orgánica y demás disposiciones que dicte el Consejo Directivo Central de dicho Ente Autónomo.» Según dispone la Resolución nº 66 del CDC (Consejo Directivo Central de la Universidad de la República del Uruguay), salvo los hijos de diplomáticos nacidos en el exterior o de uruguayos, los perseguidos políticos y los que llegan por un convenio, los extranjeros deben residir al menos tres años en el país para poder anotarse en un curso de la Universidad de la República. Algunos departamentos de la Universidad han querido cambiar esto, ya que contradice el Art. 8 de la Ley de Migraciones (que establece el derecho a la educación en igualdad con los nacionales), pero hoy en día se mantiene vigente.

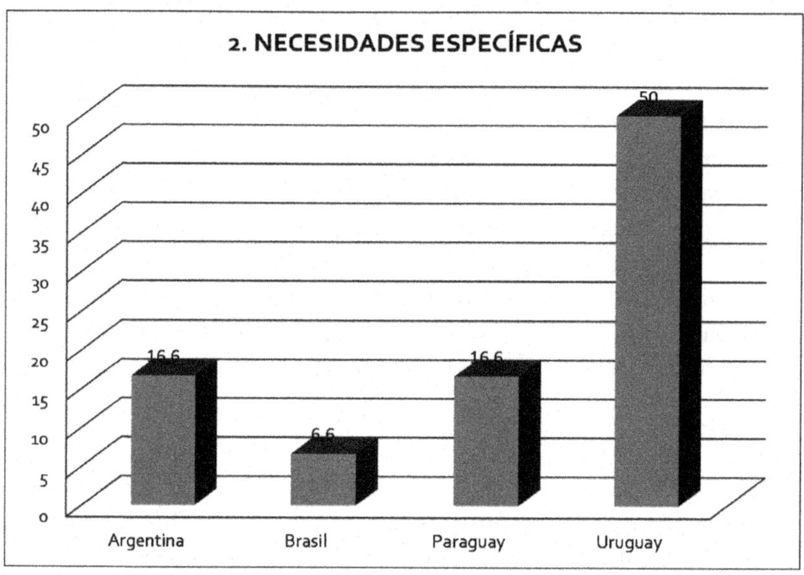

Fuente: Elaboración propia a través de los datos obtenidos en nuestra investigación utilizando la metodología MIPEX.

2.1. Orientación en materia educativa en todos los niveles

Argentina (0) La Ley de Migraciones (Art. 7) y la Ley de Educación (Art. 143) establecen que todos inmigrantes, sin importar su status legal, tienen el mismo derecho a la educación que los nacionales. Una vez inscriptos estos estudiantes en el sistema educativo, pasan a ser beneficiarios de políticas públicas que los incluyen pero no son exclusivas para inmigrantes. Es decir, los inmigrantes gozan del mismo derecho a la educación que los nacionales pero no existen acciones específicas para aumentar su participación o mejorar su rendimiento. Se rigen por las mismas normas que los nacionales.

Brasil (0): La sección X) del Art. 3 de la Ley de Migraciones establece que los inmigrantes, sin discriminación de raza ni estatus migratorio, tienen derecho al a educación pública. Una vez inscritos estos estudiantes en el sistema educativo, pasan a ser beneficiarios de políticas públicas que los incluyen pero no son exclusivas para inmigrantes. Es decir, los inmigrantes gozan del mismo derecho a la educación que los nacionales pero no existen acciones específicas para aumentar su participación o mejorar su rendimiento. Se rigen por las mismas normas que los nacionales.

Paraguay (0): Los inmigrantes no se benefician de acciones especiales que fomenten su inclusión en el sistema educativo. El Párrafo 62 del documento de política migratoria otorga el derecho a la educación en igualdad con nacionales a residentes temporarios y permanente pero no se incluyen marcos específicos para estos.

Uruguay (50) En el marco de lo que establece el Art. 47 del Dec. 394/009 («El Estado uruguayo procurará que las personas migrantes y sus familias tengan una rápida incorporación a los centros educativos públicos, habilitados o autorizados tanto para iniciar como para proseguir sus estudios.»), desde el 15 de mayo de 2018 existe un Punto de Atención y Asesoramiento a Migrantes en temas educativos en el hall del IMPO donde los migrantes puede acudir a solicitar información acerca del sistema educativo uruguayo. El punto de atención funciona de lunes a viernes de 10:00 a 16:00 horas y recibe consultas a través del correo electrónico educacionmigrantes@mec.gub.uy.

2.2. Apoyo para aprender la lengua de la sociedad de acogida

Argentina: 33,33333333

Brasil: 33,33333333

Paraguay: 33,33333333

Uruguay: 50

Subindicador a: Enseñanza del idioma

Argentina (100) De acuerdo con el Art. 14 de la Ley de Migraciones, el Estado debe favorecer las iniciativas para la «a) La **realización de cursos de idioma castellano** en las escuelas e instituciones culturales extranjeras legalmente reconocidas». Además, ley también contempla el **derecho de intérprete** en caso de no dominar el idioma español y de regularización de su situación.

Brasil (100): Hay instituciones tanto de la sociedad civil como del poder público que ofrecen este tipo de servicio a los migrantes. El Ministerio de Educación cuenta con el **Programa Mais Alfabetização**, dirigido a asegurar la alfabetización de estudiantes matriculados en centros escolares en el primer y segundo año. Además, la directriz IV del programa es dar un **acompañamiento diferenciado a los grupos escolares vulnerables** (donde se podrían encontrar los niños migrantes. Por otra parte, la Universidad Federal de ABC ofrece **clases de portugués gratuitas para refugiados**.

Paraguay (100): El Art. 5 de la Ley de Educación Inclusiva garantiza a los alumnos con necesidades específicas (incluidos en este grupo los niños migrantes, de acuerdo con los estándares del Art. 3 de esta misma ley): «(...) c) Creación de mecanismos efectivos y eficientes para la detección temprana de las necesidades específicas de apoyo educativo y remoción de las barreras para el aprendizaje; (...) m) Información y comunicación accesible y oportuna; n) supresión o remoción de barreras para el aprendizaje y la participación; ñ) Acceso a las ayudas técnicas y dimensiones de accesibilidad: arquitectónicas, comunicacionales (...)»

Uruguay (100): En algunas instituciones se utiliza el apoyo de la tecnología haciendo uso de diferentes traductores, mientras se focaliza el trabajo en la adquisición de la lengua, buscando el desarrollo de una buena comunicación oral y escrita.

Subindicador b: Fluidez en la comunicación

Argentina (0): El Art. 14 de la Ley de Migraciones no especifica esta cuestión.

Brasil (0) No se especifica esta cuestión en la legislación.

Paraguay (0) No se especifica esta cuestión en la legislación.

Uruguay (50) En algunas instituciones se utiliza el apoyo de la tecnología haciendo uso de diferentes traductores, mientras se focaliza el trabajo en la adquisición de la lengua, buscando el desarrollo de una buena comunicación oral y escrita.

Subindicador c: Estándares de enseñanza del idioma

Argentina (0): No se especifica en ninguna legislación.

Brasil (0): La puntuación no se especifica en ninguna legislación.

Paraguay (0): No se especifica en la legislación.

Uruguay (0): No se especifica en la legislación.

2.3. Monitoreo del alumno migrante

Argentina (0) La legislación argentina (Art. 7 de la Ley de Migraciones) establece que los estudiantes inmigrantes poseen los mismos derechos que los nacionales y se engloban dentro de las mismas categorías que estos. No existen categorías específicas.

Brasil (0: La sección XI) del Art. 3 de la Ley de Migración iguala en derechos a los inmigrantes con los nacionales: «acesso igualitário e livre do migrante a serviços, programas e benefícios sociais, bens públicos, educação, assistência jurídica integral pública, trabalho, moradia, serviço bancário e seguridade social. No existen categorías especiales para inmigrantes, una vez en el sistema educativo se engloban en las mismas categorías que los nacionales.»

Paraguay (0): No existen categorías específicas que incluyan a los inmigrantes y los segregue en grupos. Los recién llegados se engloban en los criterios generales que se aplican a todos los estudiantes.

Uruguay (50): En algunas instituciones se utiliza el apoyo de la tecnología haciendo uso de diferentes traductores, mientras se focaliza el trabajo en la adquisición de la lengua, buscando el desarrollo de una buena comunicación oral y escrita. En otros casos o dispositivos propios del CEIP, como maestros comunitarios, profesores de segundas lenguas o integrantes del programa de Escuelas disfrutables, han intervenido con la finalidad de apoyar a los niños o a los colectivos de las instituciones.

2.4. Medidas para afrontar la situación educacional de los grupos de migrantes

Argentina (0): No existen medidas específicas para fomentar la integración de los estudiantes migrantes en el sistema educativo. Si existe algún apoyo específico este proviene de iniciativas privadas o voluntarias. Los estudiantes migrantes se ajustan a los mismos criterios que los nacionales.

Brasil (0): No existen medidas específicas para fomentar la integración de los estudiantes migrantes en el sistema educativo. Si existe algún apoyo específico este proviene de iniciativas privadas o voluntarias. Los estudiantes migrantes se ajustan a los mismos criterios que los nacionales.

Paraguay (50): La Ley de Educación Inclusiva en su conjunto supone un mecanismo de ayuda a los migrantes en temas educativos.

Uruguay (50): En algunas instituciones se utiliza el apoyo de la tecnología haciendo uso de diferentes traductores, mientras se focaliza el trabajo en la adquisición de la lengua, buscando el desarrollo de una buena comunicación oral y escrita. En otros casos, dispositivos propios del CEIP, como maestros comunitarios, profesores de segundas lenguas o integrantes del programa de Escuelas disfrutables, han intervenido con la finalidad de apoyar a los niños o a los colectivos de las instituciones. El Art. 8 de la Ley de Migraciones establece que «las personas migrantes y sus familiares gozarán de los derechos de salud, trabajo, seguridad social, vivienda y educación en pie de igualdad con los nacionales». Por otra parte el Artículo 47 del Decreto 394/009 dispone lo siguiente: «El Estado Uruguayo procurará que las personas migrantes y sus familias tengan una rápida incorporación a los centros educativos públicos, habilitados o autorizados tanto para iniciar como para proseguir sus estudios. En todos los casos deberán cumplir con los requisitos establecidos para los ciudadanos nacionales». En esta línea, el Artículo 48 de dicho Decreto reseña lo que sigue: «A efectos de asegurar a los hijos de los trabajadores migrantes el derecho a la educación, las instituciones receptoras públicas habilitadas o autorizadas, en caso de que no reúnan la documentación para su inscripción, realizarán la misma con carácter provisorio por un plazo de un año, haciendo valer esta disposición. La referida documentación será requerida para el otorgamiento de la certificación cuando corresponda. En caso de persistir la imposibilidad manifiesta del interesado, se expedirá el Ministerio de Educación y Cultura».

2.5. La formación del profesorado refleja las necesidades de los migrantes

Argentina (50): Existen programas específicos destinados a concientizar acerca de la dimensión migratoria del sistema educativo, sin embargo, son propuestas de carácter no obligatorio destinadas a docentes y directivos de nivel primario y secundario. Un ejemplo, es el curso «Inmigración, diversidad y derechos humanos» organizado en colaboración entre el Programa de Formación Permanente del Ministerio de Educación y la Universidad Nacional de Lanús. De acuerdo con el Art. 14 de la Ley de Migraciones, el Estado favorecerá las iniciativas que prevean «(...) d) La **organización de cursos de formación, inspirados en criterios de convivencia en una sociedad multicultural** y de prevención de comportamientos discriminatorios, destinados a los funcionarios y empleados públicos y de entes privados» En referencia a la percepción del profesorado argentino, la OEA señala que los profesores «identifican que hace 15 ó 20 años no sabían cómo trabajar con esta población, pero que hoy cuentan con más herramientas para integrar a los inmigrantes, sobre todo desde la incorporación de la perspectiva intercultural».

Brasil (0): Existen algunas iniciativas de carácter específico en algunas instituciones y universidades para concientizar de la realidad migratoria. Por ejemplo, la facultad de Derecho de la USP lleva a cabo el proyecto Migração Legal en el que se forma a estudiantes e investigadores para prestar orientación jurídica a los inmigrantes. Sin embargo, esta formación no es un requisito para docentes en Brasil, se trata de proyectos voluntarios.

Paraguay (0): No se aprecian iniciativas que intenten fomentar la inclusión de migrantes entre el elenco educativo.

Uruguay (50): En abril de 2018, se creó la Comisión de Migraciones en la órbita del Instituto de Formación en Servicio en cuya agenda se encuentra la articulación de un programa de formación de sensibilización de los docentes. En 2016, dentro del marco de la Educación Inclusiva que se está llevando a cabo en el país, se abrieron unos cursos de formación en capacitación inclusiva para maestros de apoyo. Los cursos tuvieron una duración de un año y se impartieron a 245 profesionales con el objetivo de instaurar un modelo de escuela.

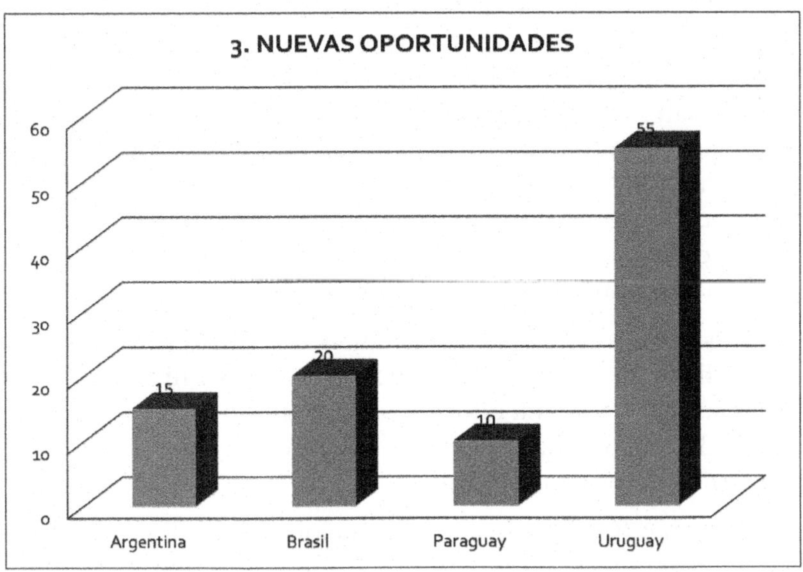

Fuente: Elaboración propia a través de los datos obtenidos en nuestra investigación utilizando la metodología MIPEX.

INDICADORES

3.1. Apoyo para la enseñanza de lenguas migrantes

Argentina: 50

Brasil: 0

Paraguay: 0

Uruguay: 50

Subindicador a: Opción de aprender la lengua de los inmigrantes

Argentina (50): No existen regulaciones estatales que ofrezcan el aprendizaje de lenguas de inmigrantes dentro ni fuera de las escuelas. En el sistema educativo argentino se incluye el aprendizaje de lenguas extranjeras en el currículo pero no concebidas como «lenguas inmigrantes». Argentina cuenta con **convenios bilaterales** con algunos países mediante los cuales se difunden la lengua y cultura del otro país en escuelas y universidades. De acuerdo con el Art. 14 de la Ley de Migraciones, el Estado debe apoyar las iniciativas que promuevan «(..) c) El conocimiento y la valoración de las expresiones culturales, recreativas, sociales, económicas y religiosas de los inmigrantes»

Brasil (0): No existen regulaciones estatales que ofrezcan el aprendizaje de lenguas de inmigrantes dentro ni fuera de las escuelas. En el sistema educativo brasileño se incluye el aprendizaje de lenguas extranjeras en el currículo pero no concebidas como «lenguas inmigrantes».

Paraguay (0): No existen regulaciones estatales que ofrezcan el aprendizaje de lenguas de inmigrantes dentro ni fuera de las escuelas. En el sistema educativo paraguayo se incluye el aprendizaje de lenguas étnicas, consideradas como aquellas de comunidades que poseen su propia cultura, lengua y tradiciones y que integran la nacionalidad paraguaya.

Uruguay (50): No existen regulaciones estatales que ofrezcan el aprendizaje de lenguas de inmigrantes dentro ni fuera de las escuelas. En el sistema educativo uruguayo se incluye el aprendizaje de lenguas extranjeras en el currículo pero no concebidas como «lenguas inmigrantes». Ahora bien, Uruguay ha firmado con varios países algunos **convenios bilaterales** en los que se fomenta la enseñanza de idiomas extranjeros, como sucede por ejemplo con Francia.

Subindicador b: Oferta de idiomas migrantes

Argentina (50): Los cursos que se engloban dentro de los convenios bilaterales que el Estado argentino firma con diversos países se organizan en cátedras o universidades y escuelas con convenios bilaterales entre Argentina y otros países.

Brasil: No aplica (puntaje 0 en la sección anterior).

Paraguay: No aplica (puntaje 0 en la sección anterior).

Uruguay (50): Estos cursos se organizan en cátedras o universidades y escuelas con convenios bilaterales entre Argentina y otros países.

3.2. Apoyo para la enseñanza de culturas migrantes

Argentina: 25

Brasil: 0

Paraguay: 0

Uruguay: 75

Subindicador a: Opción de aprender culturas migrantes

Argentina (50): Es curioso que en Argentina, la Ley de Educación incluye un proyecto de Educación Intercultural Bilingüe. Sin embargo, esta iniciativa considera únicamente las culturas indígenas; es decir, establece un **tratamiento diferenciado entre migrantes e indígenas** (Resolución 107/99, Art. 20 Ley 26.206/06). Así, sí existirían posibilidades de aprender culturas indígenas dentro del aula pero no se hace mención a culturas inmigrantes. Alejandro Grimson, antropólogo especializado en problemáticas migratorias, establece que no hay políticas educativas de comprensión del otro. Sin embargo, a través de diferentes acuerdos firmados con otros países es posible aprender idiomas extranjeros aunque no en el día a día escolar.

Brasil (0): No se especifican disposiciones de este tipo que fomenten el aprendizaje de las culturas migrantes en el país.

Paraguay (0): No se especifican disposiciones de este tipo que fomenten el aprendizaje de las culturas migrantes en el país.

Uruguay (100): El Art. 14 de la Ley 18.250 establece lo siguiente: «El Estado velará por el respeto de la identidad cultural de las personas migrantes y de sus familiares y fomentará que éstas mantengan vínculos con sus Estados de origen.» Así, podría entenderse que el Estado intentará promover proyectos para intercambiar lazos culturales. En este marco, se han organizado actividades en colegios con presentaciones del país, sus tradiciones, su cultura y gastronomía, compartiendo comidas típicas, solo por mencionar alguna de las prácticas observadas. En algunas instituciones con grandes porcentajes de alumnos migrantes se realizan actividades para el intercambio de culturas.

Subindicador b: Oferta de cultura extranjera

Argentina (0): Estas iniciativas se organizan fuera del colegio mediante acuerdos bilaterales con otros países y bien pueden ser en universidades o centros culturales.

Brasil: No aplica (por haber contestado 0 en la sección previa).

Paraguay: No aplica (por haber contestado 0 en la sección previa).

Uruguay (50): En colegios con altos porcentajes de alumnos inmigrantes se organizaron proyectos institucionales que tuvieran como eje la diversidad e integración haciendo una fuerte intervención desde la convivencia y la participación. Se han organizado actividades con presentaciones del país, sus tradiciones, su cultura y gastronomía, compartiendo comidas típicas, solo por mencionar alguna de las prácticas observadas. El Consejero de Educación anima a los docentes a aprovechar la diversidad como recurso en el aula, integrando lecturas, historias, canciones o comidas de los países de origen de los niños en sus clases. Así, estaría integrado en el currículum escolar y abierto a todos los estudiantes.

3.3. Medidas para paliar la segregación y promover la integración de todos los alumnos

Argentina (0): No existen medidas reguladas que promuevan la unión de colegios con mayor población inmigrante con aquellas que no muestran porcentajes tan altos o viceversa.

Brasil (0): No existen medidas reguladas que promuevan la unión de colegios con mayor población inmigrante con aquellas que no muestran porcentajes tan altos o viceversa.

Paraguay (0): No existen medidas reguladas que promuevan la unión de colegios con mayor población inmigrante con aquellas que no muestran porcentajes tan altos o viceversa.

Uruguay (50): Según el Documento Macro, se llevó a cabo la campaña «La inmigración es positiva», con la colaboración de la Junta Nacional de Migración y el apoyo de la OIM e IMPO. El Art. 71 de la Constitución determina que: «(...) En todas las instituciones docentes se atenderá especialmente la formación del carácter moral y cívico de los alumnos».

3.4. Medidas para apoyar a las familias de los migrantes así como a sus comunidades

Argentina (0): No existe regulación especial en la legislación para padres o comunidades inmigrantes. Estos se engloban dentro de la categoría general que atañe al resto de ciudadanos.

Brasil (50): De acuerdo con la sección III.3) del Art. 208 de la Constitución: «Corresponde al Poder Público, censar a los educandos en la enseñanza fundamental, convocarlos y velar, junto a los padres y responsables por la frecuencia en la escuela».

Paraguay (50): Existe desde 2009 un Programa de Apoyo a Familias Migrantes, insertado en el marco del movimiento de la Unesco «Educación para Todos», donde uno de los principales objetivos es asegurar la diferenciación requerida en los programas de educación de migrantes. El Art. 5 de la Ley de Educación Inclusiva prevé: «(...) k) La sensibilización y orientación de las familias, tutores o encargados, respecto al derecho a la educación inclusiva (...)». Esta misma ley recoge en su Art. 22 el derecho de los padres, madres y tutores a:

«a) Participar de los procesos de enseñanza-aprendizaje e inclusión socio-afectiva de sus hijos;

b) Ser orientados, estimulados y capacitados sobre las barreras para el aprendizaje y la participación de sus hijos en cuanto a la importancia de su rol en los procesos educativos, así como de los derechos que los asisten (...)»

Uruguay (50): En 2017, para la mejor atención de los niños de las familias sirias reasentadas en Uruguay, se contó con el apoyo del programa de acompañantes a las familias sirias de parte de Presidencia de la República. Más allá de esta medida y de la existencia del Punto de Atención y Asesoramiento a Migrantes en materia migratoria (donde las familias pueden ser asesoradas en estos temas), no existen proyectos estatales específicos que busquen fomentar el involucramiento de las familias inmigrantes con sus hijos en el ámbito educativo. Según el Documento Macro, se llevó a cabo la campaña «La inmigración es positiva», con la colaboración de la JNM y el apoyo de la OIM e IMPO.

3.5. Medidas para promover la incorporación de migrantes al profesorado

Argentina (0): Desde el Estado no existen medidas específicas que inciten a los recién llegados a integrarse en el profesorado del sistema educativo argentino.

Brasil (50): Desde el Estado no existen medidas específicas que inciten a los recién llegados a integrarse en el profesorado del sistema educativo brasileño. El apartado X del Artículo 3 de la Ley de Migración recoge como uno de los principios de la política migratoria brasileña la inclusión social, laboral y productiva del migrante por medio de políticas públicas («inclusão social, laboral e productiva do migrante por medio de políticas públicas»).

Paraguay (0): Desde el Estado no existen medidas específicas que inciten a los recién llegados a integrarse en el profesorado del sistema educativo paraguayo.

Uruguay (50): Si bien muchos de los migrantes que llegan a Uruguay poseen títulos de docentes (profesores de primaria, secundaria o universitarios), desde el Estado no existen medidas específicas que inciten a los recién llegados a integrarse en el profesorado del sistema educativo uruguayo. Como objetivo específico del Documento Marco, se recoge el «optimizar la inserción laboral de las personas inmigrantes en igualdad de condiciones que las personas de origen nacional».

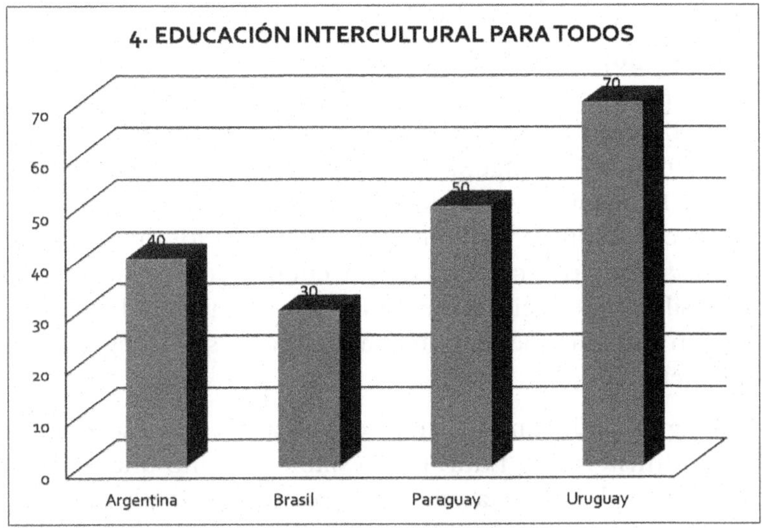

Fuente: Elaboración propia a través de los datos obtenidos en nuestra investigación utilizando la metodología MIPEX.

INDICADORES

4.1. El currículo escolar refleja la diversidad

Argentina (0): EL Art. 11 de la Ley de Educación Nacional incluye entre los objetivos del sistema educativo: «(...) d) Fortalecer la identidad nacional, basada en el respeto a la diversidad cultural y a las particularidades locales, abierta a los valores universales y a la integración regional y latinoamericana (...) v) Promover en todos los niveles educativos y modalidades la comprensión del concepto de eliminación de todas las formas de discriminación». A pesar de que dentro de la legislación argentina existe un programa específico en pro de la interculturalidad este queda limitado al componente indígena. La Ley 26.206/06 en su Art. 20 promueve la integración plena de todos los niños en el sistema educativo, sin embargo, el Art. 52 de la misma ley establece que la educación intercultural bilingüe, como modalidad que busca fortalecer las pautas lingüísticas y culturales, queda limitada a los pueblos indígenas. Es decir, la interculturalidad queda limitada al componente étnico.

Brasil (50): La sección VI) del Art. 26 de la Ley de Educación establece que la asignatura de Historia de Brasil tendrá en cuenta las culturas y etnias que formaron el pueblo de Brasil, especialmente la indígena, africana y europea. Además, el Art. 26-A de la misma ley establece la necesidad de estudiar la cultura afrobrasileña e indígena. En este sentido, puede decirse que el currículo escolar tiene en cuenta la historia migratoria brasileña, es decir, presenta la interculturalidad como una cuestión histórica pero no lo trata como rasgo integrador del Brasil actual.

Paraguay (50): En el currículo educativo de educación media, el Ministerio de Educación establece como una de las características del sistema educativo paraguayo la pluralidad de culturas representadas por las diferentes etnias que lo habitan y por los grupos de inmigración antigua y reciente y que por tanto, el currículo debe reflejar esa diversidad cultural. De la misma manera, el Art. 5 de la Ley de Educación Inclusiva prevé la «(...) p) Promoción e implementación de normas en el ámbito educativo-social de estrategias de inclusión y de participación, a fin de asegurar el acceso, la permanencia y conclusión oportuna de su formación académica».

Uruguay (50): El Programa para Educación Inicial y Primaria (2013) explicita en los contenidos programáticos del área del conocimiento social desde nivel inicial 5° el tratamiento de temas en Historia como «La familia a través del tempo en nuestro país: indígenas, afro descendientes e inmigrantes–Las historias familiares a través de crónicas.» En 5to año se aborda el contenido «Los comienzos del Uruguay Independiente (1830-1875).–El crecimiento poblacional: natalidad, mortalidad e inmigración». En Geografía en 5to año se explicita el contenido acerca de «La diversidad étnica y cultural de las poblaciones americanas (América Latina y anglosajona)» y «La dinámica de la movilidad regional. Los movimientos migratorios internacionales». En 6to año aparece el contenido «Las rupturas institucionales en nuestro país. La emigración política y económica y La transición política y la recuperación democrática en América Latina. La continuidad de la emigración económica.» En el área de conocimiento artístico también se explicitan ciertos contenidos que refieren a los aportes artísticos de la inmigración por ejemplo: «La música de los inmigrantes en América». Además, el Documento Base de Análisis Curricular del 2016 plantea temas relacionados con la migración en los perfiles de egreso de cada ciclo.

4.2. El Estado apoya iniciativas de información

Argentina (0): A pesar de que dentro de la legislación argentina existe un programa específico en pro de la interculturalidad, este queda limitado al componente indígena. La Ley 26.206/06 en su Artículo 20 promueve la integración plena de todos los niños en el sistema educativo, sin embargo, el Art. 52 de la misma Ley establece que la Educación intercultural bilingüe, como modalidad que busca fortalecer las pautas lingüísticas y culturales, queda limitada a los pueblos indígenas. Es decir, la interculturalidad queda limitado al componente étnico.

Brasil (0): El Art 3. de la Ley de Educación impone la necesidad de reflejar la diversidad étnico-racial, lo que sugiere que la legislación brasileña, al igual que la argentina, pone más énfasis en el componente indígena que en el concepto de migrante en sí.

Paraguay (50): Según el documento de Política Migratoria de Paraguay, uno de los puntos por los que se regirá la política del país será el principio de respeto a la diversidad cultural: «de conformidad con el precepto constitucional que consagra el carácter pluricultural y bilingüe del Paraguay, la Política Migratoria reconoce como patrimonio nacional a las diversas culturas y lenguas que conviven en el territorio paraguayo, en particular a los pueblos indígenas representados por sus diversas etnias y lenguas. La promoción de la diversidad cultural comprende su inserción en el espacio público y su participación en la construcción y materialización de proyectos colectivos y concertados de desarrollo e incluye a las diferentes nacionalidades de inmigrantes radicadas en el país.»

Uruguay (50): La sección f) del Art. 13 de la Ley 18.437 (Ley de Educación) establece que las políticas educativas tendrán los fines de fomentar diferentes formas de expresión, promoviendo la diversidad cultural y el desarrollo de las potencialidades de cada persona. En este marco, existen diferentes iniciativas tanto en diferentes centros educativos como en organismos estatales de difundir diferentes culturas y promover los lazos multiculturales. Así, por ejemplo, se celebraron jornadas acerca de migraciones y género.

4.3. Adaptación del currículum para reflejar la diversidad

Argentina (50): El Art. 11 de la Ley de Educación Nacional incluye entre sus objetivos: «(...) d) Fortalecer la identidad nacional, basada en el respeto a la diversidad cultural y a las particularidades locales, abierta a los valores universales y a la integración regional y latinoamericana (...) v) Promover en todos los niveles educativos y modalidades la comprensión del concepto de eliminación de todas las formas de discriminación». A pesar de que se han promovido medidas para incluir la interculturalidad en el currículum escolar, aún no existe ninguna medida específica que fomente estas acciones. Además, como se plasma en el Art. 52 de la Ley 26.206, la interculturalidad en la legislación argentina establece una restricción que incluye únicamente a la población indígena.

Brasil (0): La sección 1) del Art. 215 de la Constitución determina que «el Estado protegerá las manifestaciones de las culturales populares, indígenas y afro- brasileñas y los otros grupos participantes en el proceso de civilización nacional". El Art 3. de la Ley de Educación impone la necesidad de reflejar la diversidad étnico-racial, lo que sugiere que la legislación brasileña, al igual que la argentina, pone más énfasis en el componente indígena que en el concepto de migrante en sí.

Paraguay (50): El Art. 5 de la Ley de Educación Inclusiva prevé la «(...) p) promoción e implementación de normas en el ámbito educativo-social de estrategias de inclusión y de participación, a fin de asegurar el acceso, la permanencia y conclusión oportuna de su formación académica». En el diseño curricular, la Dirección General de Educación Permanente del Ministerio de Educación y Cultura establece la diversidad como uno de los aspectos fundamentales de aprendizaje: «Incorpora las necesidades, intereses, problemas y potencialidades de las personas participantes, familia y comunidad, como fuente para el desarrollo del currículo y para el diseño de situaciones de aprendizaje socialmente útiles en términos de una educación para la vida.»

Uruguay (100): Se estima que en la actualidad hay más de 900 niños inmigrantes en las escuelas públicas de Montevideo. Por esto, para incluir los perfiles de esta nueva población escolar, a lo largo de los últimos años se han ido incluyendo en el currículum escolar diferentes temas que tiene que ver con la multiculturalidad y las culturas de los recién llegados. Así lo reflejan los temas del currículo: La familia a través del tempo en nuestro país: indígenas, afro descendientes e inmigrantes.–Las historias familiares a través de crónicas. En 5to año se aborda el contenido Los comienzos del Uruguay Independiente (1830-1875).–El crecimiento poblacional: natalidad, mortalidad e inmigración. En Geografía en 5to año se explicita el contenido acerca de La diversidad étnica y cultural de las poblaciones americanas (América Latina y anglosajona).–La dinámica de la movilidad regional. Los movimientos migratorios internacionales. Además, en 2016 se plantearon nuevos temas para la asignatura de geografía, lo que indica que desde la Administración Nacional de Educación se realiza un seguimiento de los perfiles de los alumnos para intentar adaptar el temario a la nueva situación migratoria del país.

4.4. El día a día se adapta a las necesidades de los migrantes

Argentina (100): De acuerdo con la OEA, el Gobierno argentino promueve el desarrollo de iniciativas que fomenten la integración de estudiantes inmigrantes o indígenas en las escuelas. De esta manera, los colegios son elegibles para recibir recursos monetarios de acuerdo a proyectos específicos que presentan ante los ministerios. Las iniciativas surgen así teniendo en cuenta las particularidades y el entorno de la escuela, y es esta misma la que decide trabajar las situaciones de discriminación.

Brasil (100): La sección VI) del Art. 5 de la Constitución de Brasil establece la libertad de cultos religiosos. El art. 208 VII de la Constitución determina que el deber del Estado con la educación se garantiza mediante «(...) atención al educando, en la enseñanza fundamental, a través de programas suplementarios de material didáctico- escolar, transporte, alimentación y asistencia a la salud».

Paraguay (50): El Art. 21 de la Ley de Educación Inclusiva determina que es un deber de los educadores «(...) f) la incentivación constante para que entre todos los miembros de la comunidad educativa se cree una cultura inclusiva».

Uruguay (100): La Constitución de la República Oriental del Uruguay establece en su Art. 5 la libertad de cultos y afirma que el Estado no sostiene religión alguna. El Art. 1 de La Ley 18.250 (Ley de Migraciones) instaura la igualdad de derechos con los nacionales, sin distinción alguna por motivos de sexo, raza, color, idioma, religión o convicción, opinión política o de otra índole, origen nacional, étnico o social, nacionalidad, edad, situación económica, patrimonio, estado civil, nacimiento o cualquier otra condición. Según el Art. 33 de la Ley General de Educación, «la educación formal contemplará aquellas particularidades, de carácter permanente o temporal, personal o contextual, a través de diferentes modalidades, entendidas como opciones organizativas o metodológicas, con el propósito de garantizar la igualdad en el ejercicio del derecho a la educación (...)»

4.5. La formación del profesorado refleja la diversidad

Argentina (50): De acuerdo con el Art. 9 del Reglamento de la Ley de Migraciones, el Estado deberá formar e informar sobre los derechos y deberes de los migrantes, de acuerdo con la Ley 25.871, a los funcionarios, empleados públicos y privados que tienen trato directo con extranjeros y trabajen en entidades educativas. La Ley de Educación Nacional en su Art. 71 conforma que la formación docente tenga como finalidad preparar profesionales capaces de enseñar, generar y transmitir los conocimientos y valores necesarios para la formación integral de las personas, el desarrollo nacional y la construcción de una sociedad más justa. Existen programas específicos destinados a concientizar acerca de la dimensión migratoria del sistema educativo, sin embargo, son propuestas de carácter no obligatorio destinadas a docentes y directivos de nivel primario y secundario. Un ejemplo, es el curso «Inmigración, diversidad y derechos humanos» organizado en colaboración entre el Programa de Formación Permanente del Ministerio de Educación y la Universidad Nacional de Lanús.

Brasil (0): Existen algunas iniciativas de carácter específico en algunas instituciones y universidades para concientizar de la realidad migratoria. Por ejemplo, la facultad de Derecho de la USP lleva a cabo el proyecto Migração Legal en el que se forma a estudiantes e investigadores para prestar orientación jurídica a los inmigrantes. Sin embargo, esta formación no es un requisito para docentes en Brasil, se trata de proyectos voluntarios.

Paraguay (50): El Plan 2024 del Ministerio de Educación y Cultura (MEC) apunta como objetivo «mejorar la calidad de la educación en todos los niveles modalidades educativos, atendiendo la diversidad y multiculturalidad» y que tiene como acción definida el «fortalecimiento e innovación de los programas de formación continua en servicio de los educadores y las educadoras, acordes a las necesidades y prioridades de mejora del desempeño». El Art. 5 de la Ley de Educación Inclusiva prevé «(...) j) la orientación, formación y/o capacitación adecuada y oportuna de los profesionales y demás integrantes de la comunidad educativa (...)». El Art. 21 de esta misma ley recoge el derecho de los educadores a recibir «formación continua en Educación Inclusiva». Sin embargo, no se encuentran contenidos específicos requeridos para la formación docente en temas de interculturalidad.

Uruguay (50): En 2016, dentro del marco de la Educación Inclusiva que se está llevando a cabo en el país, se abrieron unos cursos de formación en capacitación inclusiva para maestros de apoyo. Los cursos tuvieron una duración de un año y se impartieron a 245 profesionales con el objetivo de instaurar un modelo de escuela común.

4) SALUD

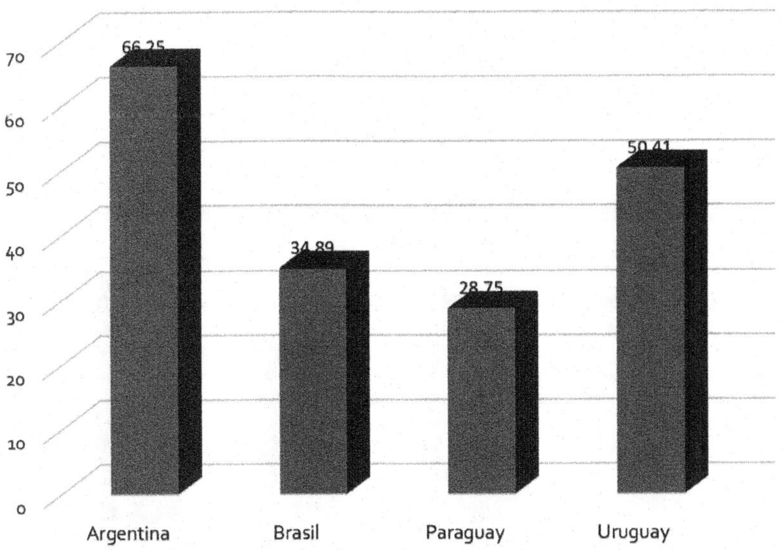

Fuente: Elaboración propia a través de los datos obtenidos en nuestra investigación utilizando la metodología MIPEX.

Argentina es el país que lidera la clasificación de acceso a la salud en la adaptación del índice MIPEX a América Latina. El país rioplatense ofrece a los migrantes que llegan a su territorio un asesoramiento personalizado en cuanto a apoyo de mediadores culturales o intérpretes. Argentina también se caracteriza por los métodos de entrega de la información acerca del acceso al sistema sanitario, lo que agiliza la integración de los inmigrantes y agiliza la aplicación de la cobertura universal.

En segunda posición, Uruguay obtiene un puntaje de 50,41 sobre 100 en esta área de política, ofreciendo sin distinción de categoría sanidad universal para los migrantes que llegan a su territorio. Brasil y Paraguay han recibido puntajes más bajos ya que limitan la información específica que ofrecen a los migrantes a la hora de acceder al sistema de salud. El caso de Paraguay es interesante ya que excluye del acceso sanitario a los migrantes irregulares al solo concebir en sus alcances las categorías de residentes permanentes y temporarios.

DIMENSIONES

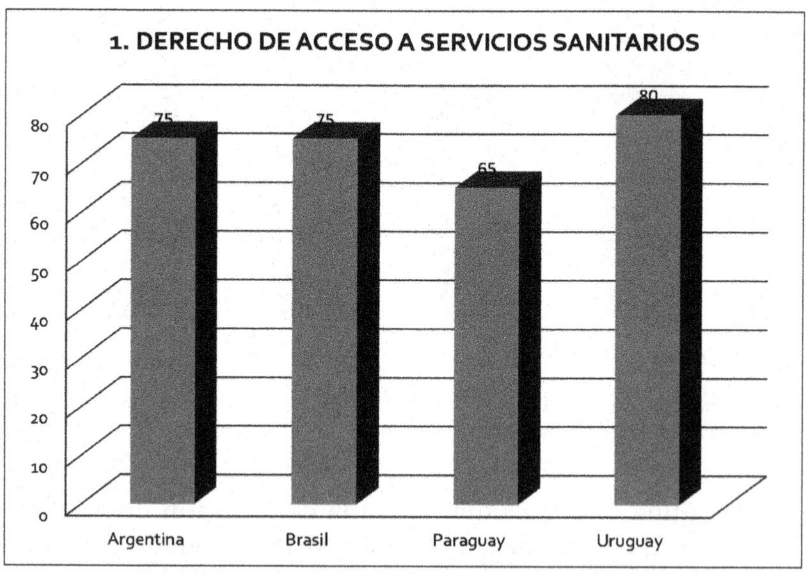

Fuente: Elaboración propia a través de los datos obtenidos en nuestra investigación utilizando la metodología MIPEX.

INDICADORES

1.1. Derechos sanitarios de los migrantes legales

Argentina: 100

Brasil: 100

Paraguay: 75

Uruguay: 100

Subindicador a): Condiciones para los migrantes legales

Argentina (100): El Art. 8 de la Ley 25.871 establece lo siguiente: «No podrá negársele o restringírsele en ningún caso, el acceso al derecho a la salud, la asistencia social o atención sanitaria a todos los extranjeros que lo requieran, cualquiera sea su situación migratoria.»

Brasil (100): La sección VIII) del Art. 4 de la Ley 13.445 otorga «acesso a serviços públicos de saúde e de assistência social e à previdência social, nos termos da lei, sem discriminação em razão da nacionalidade e da condição migratória».

Paraguay (50): El Párrafo 62 del documento de Política Migratoria de Paraguay dispone lo siguiente: «Se reconoce a las personas inmigrantes y a sus familiares que ingresan al país para residir temporal o permanentemente, los mismos derechos y garantías constitucionales y legales que asisten a los connacionales, entre otros el derecho a un trabajo digno, al seguro social, la educación y la salud, la reunificación familiar, el envío o recepción de remesas de dinero para apoyo a su familia y el acceso a la justicia y al debido proceso, en el marco de las leyes correspondientes.» Es decir, se entiende que se limita el acceso a la salud a los residentes temporarios y permanentes, quedando los migrantes con otro status excluidos.

Uruguay (100): El Art. 8 de la Ley 18.250 establece lo siguiente: «Las personas migrantes y sus familiares gozarán de los derechos de salud, trabajo, seguridad social, vivienda y educación en pie de igualdad con los nacionales. Dichos derechos tendrán la misma protección y amparo en uno y otro caso.» De la misma manera, el Art. 9 dispone lo siguiente: «La irregularidad migratoria en ningún caso impedirá que la persona extranjera tenga libre acceso a la justicia y a los establecimientos de salud.»

Subindicador b: Cobertura para los migrantes legales

Argentina (100): El Art. 6 de La Ley 25.871 establece lo siguiente: «El Estado en todas sus jurisdicciones, asegurará el acceso igualitario a los inmigrantes y sus familias en las mismas condiciones de protección, amparo y derechos de los que gozan los nacionales, en particular lo referido a servicios sociales, bienes públicos, salud, educación, justicia, trabajo, empleo y seguridad social.»

Brasil (100): La sección VIII) del Art. 4 de la Lei 13.445 iguala en derecho de acceso a la salud a inmigrantes con nacionales: «Ao migrante é garantida no território nacional, em condição de igualdade com os nacionais, acesso a serviços públicos de saúde e de assistência social e à previdência social».

Paraguay (100): El Párrafo 62 del documento de Política Migratoria de Paraguay dispone lo siguiente: «Se reconoce a las personas inmigrantes y a sus familiares que ingresan al país para residir temporal o permanentemente, los mismos derechos y garantías constitucionales y legales que asisten a los connacionales, entre otros el derecho a un trabajo digno, al seguro social, la educación y la salud, la reunificación familiar, el envío o recepción de remesas de dinero para apoyo a su familia y el acceso a la justicia y al debido proceso, en el marco de las leyes correspondientes.»

Uruguay (100): El Art. 8 de la Ley 18.250 establece lo siguiente: «Las personas migrantes y sus familiares gozarán de los derechos de salud, trabajo, seguridad social, vivienda y educación en pie de igualdad con los nacionales. Dichos derechos tendrán la misma protección y amparo en uno y otro caso.»

Subindicador c): Excepciones especiales para migrantes

A la espera de la respuesta por parte de los Estados.

1.2. Derechos sanitarios para solicitantes de asilo

Argentina: 100

Brasil: 100

Paraguay: 100

Uruguay: 100

Subindicador a): Condiciones para solicitantes de asilo

Argentina (100): El Art. 8 de la Ley 25.871 establece lo siguiente: «No podrá negársele o restringírsele en ningún caso, el acceso al derecho a la salud, la asistencia social o atención sanitaria a todos los extranjeros que lo requieran, cualquiera sea su situación migratoria».

Brasil (100): La sección VIII) del Art. 4 de la Ley 13.445 otorga «acesso a serviços públicos de saúde e de assistência social e à previdência social, nos termos da lei, sem discriminação em razão da nacionalidade e da condição migratória».

Paraguay (100): Según el Art. 25 de la Ley 978/96, los asilados se consideran residentes temporarios. El Párrafo 62 del documento de Política Migratoria de Paraguay establece la igualdad en derecho a la salud entre residentes temporarios/permanentes y nacionales; por ende, los asilados tendrían pleno derecho al acceso a la salud.

Uruguay (100): El Art. 8 de la Ley 18.250 establece lo siguiente: «Las personas migrantes y sus familiares gozarán de los derechos de salud, trabajo, seguridad social, vivienda y educación en pie de igualdad con los nacionales. Dichos derechos tendrán la misma protección y amparo en uno y otro caso.» De la misma manera, el Art. 9 dispone lo siguiente: «La irregularidad migratoria en ningún caso impedirá que la persona extranjera tenga libre acceso a la justicia y a los establecimientos de salud».

Subindicador b): Cobertura para solicitantes de asilo

Argentina (100): El Art. 8 de la Ley 25.871 establece lo siguiente: «No podrá negársele o restringírsele en ningún caso, el acceso al derecho a la salud, la asistencia social o atención sanitaria a todos los extranjeros que lo requieran, cualquiera sea su situación migratoria.»

Brasil (100): La sección VIII) del Art. 5 de la Ley 13.445 otorga «acesso a serviços públicos de saúde e de assistência social e à previdência social, nos termos da lei, sem discriminação em razão da nacionalidade e da condição migratória».

Paraguay (100): Según la Ley 978/96 los asilados se consideran residentes temporarios (Art. 25). El punto 62 del documento de Política Migratoria de Paraguay establece la igualdad en derecho a la salud entre residentes temporarios/permanentes y nacionales; por ende, los asilados tendrían pleno derecho al acceso a la salud.

Uruguay (100): El Art. 8 de la Ley 18.250 establece lo siguiente: «Las personas migrantes y sus familiares gozarán de los derechos de salud, trabajo, seguridad social, vivienda y educación en pie de igualdad con los nacionales. Dichos derechos tendrán la misma protección y amparo en uno y otro caso.» De la misma manera, el Art. 9 dispone lo siguiente: «La irregularidad migratoria en ningún caso impedirá que la persona extranjera tenga libre acceso a la justicia y a los establecimientos de salud.»

Subindicador c): Excepciones especiales para solicitantes de asilo

A la espera de respuesta por parte del los Estados.

1.3. Derechos sanitarios para migrantes irregulares

Argentina: 100

Brasil: 100

Paraguay: 0

Uruguay: 100

Subindicador a): Condiciones para migrantes irregulares

Argentina (100): El Art. 8 de la Ley 25.871 establece lo siguiente: «No podrá negársele o restringírsele en ningún caso, el acceso al derecho a la salud, la asistencia social o atención sanitaria a todos los extranjeros que lo requieran, cualquiera sea su situación migratoria.»

Brasil (100): La sección VIII) del Art. 4 de la Ley 13.445 otorga «acesso a serviços públicos de saúde e de assistência social e à previdência social, nos termos da lei, sem discriminação em razão da nacionalidade e da condição migratória»

Paraguay (0): El párrafo 62 del documento de Política Migratoria de Paraguay dispone lo siguiente: «Se reconoce a las personas inmigrantes y a sus familiares que ingresan al país para residir temporal o permanentemente, los mismos derechos y garantías constitucionales y legales que asisten a los connacionales, entre otros el derecho a un trabajo digno, al seguro social, la educación y la salud, la reunificación familiar, el envío o recepción de remesas de dinero para apoyo a su familia y el acceso a la justicia y al debido proceso, en el marco de las leyes correspondientes.» Es decir, se entiende que se limita el acceso a la salud a los residentes temporarios y permanentes, quedando los migrantes indocumentados o con otro status excluidos.

Uruguay (100): El Art. 8 de la Ley 18.250 establece lo siguiente: «Las personas migrantes y sus familiares gozarán de los derechos de salud, trabajo, seguridad social, vivienda y educación en pie de igualdad con los nacionales. Dichos derechos tendrán la misma protección y amparo en uno y otro caso.» De la misma manera, el artículo 9 dispone que «la irregularidad migratoria en ningún caso impedirá que la persona extranjera tenga libre acceso a la justicia y a los establecimientos de salud.»

Subindicador b): Cobertura para migrantes irregulares

Argentina (100): El Art. 6 de La Ley 25.871 establece lo siguiente: «El Estado en todas sus jurisdicciones, asegurará el acceso igualitario a los inmigrantes y sus familias en las mismas condiciones de protección, amparo y derechos de los que gozan los nacionales, en particular lo referido a servicios sociales, bienes públicos, salud, educación, justicia, trabajo, empleo y seguridad social.» De la misma manera, el Art. 8 de la Ley 25.871 establece que «no podrá negársele o restringírsele en ningún caso, el acceso al derecho a la salud, la asistencia social o atención sanitaria a todos los extranjeros que lo requieran, cualquiera sea su situación migratoria.»

Brasil (100): La sección VIII) de la Ley 13.445 iguala en derechos de acceso a la salud a inmigrantes con nacionales: »Ao migrante é garantida no território nacional, em condição de igualdade com os nacionais, acesso a serviços públicos de saúde e de assistência social e à previdência social»

Paraguay (0): El párrafo 62 del documento de Política Migratoria de Paraguay dispone lo siguiente: «Se reconoce a las personas inmigrantes y a sus familiares que ingresan al país para residir temporal o permanentemente, los mismos derechos y garantías constitucionales y legales que asisten a los connacionales, entre otros el derecho a un trabajo digno, al seguro social, la educación y la salud, la reunificación familiar, el envío o recepción de remesas de dinero para apoyo a su familia y el acceso a la justicia y al debido proceso, en el marco de las leyes correspondientes.» Es decir, se entiende que se limita el acceso a la salud a los residentes temporarios y permanentes, quedando los migrantes indocumentados o con otro status excluidos.

Uruguay (100): El Art. 8 de la Ley 18.250 establece lo siguiente: «Las personas migrantes y sus familiares gozarán de los derechos de salud, trabajo, seguridad social, vivienda y educación en pie de igualdad con los nacionales. Dichos derechos tendrán la misma protección y amparo en uno y otro caso.» De la misma manera, el Art. 9 dispone que «la irregularidad migratoria en ningún caso impedirá que la persona extranjera tenga libre acceso a la justicia y a los establecimientos de salud.»

Subindicador: Excepciones especiales para migrantes irregulares

A la espera de recibir datos por parte de los Estados.

1.4. Discreción administrativa y documentación para inmigrantes legales

Argentina (50): La Ley 19.549 de Procedimiento Administrativo establece como características del procedimiento administrativo «la celeridad, economía, sencillez y eficacia en los trámites». Según UNICEF, «en muchas ocasiones, las instituciones tienen procedimientos administrativos que obstaculizan el cumplimiento del derecho. Por ejemplo, en muchos hospitales existe una planilla donde debe completarse un número de DNI para asignar un turno médico». Si el centro sanitario requiere de su DNI, será suficiente con enseñar el del país de origen.

Argentina también cuenta con el programa nacional SUMAR, que ofrece asistencia sanitaria gratuita para mujeres embarazadas, niños/as, adolescentes, embarazadas, hombres y mujeres de hasta 64 años que no tienen obra social ni prepaga. Para ser beneficiario del mismo, según su página web, tan sólo se requiere «concurrir al centro de salud más cercano a su domicilio y completar el Formulario Único de Inscripción». Aquí no se tiene en cuenta la categoría migratoria.

Brasil (50): «La norma sancionada también reduce los trámites burocráticos exigidos a quienes buscan refugio o residencia en Brasil». También aplica la discreción administrativa en los requisitos que se solicitan para la obtención de la Carta Nacional de Salud (Cartão Nacional de Saúde). Esta es un documento de identificación de los usuarios del sistema de salud. Facilita la utilización del Sistema Único de Salud por parte de los brasileños y los extranjeros que residen en el país, identificándolos a través de una numeración única . La solicitud del documento se realiza en el establecimiento de salud. Dependerá de la gestoría municipal que se soliciten o no documentos de identificación para la expedición de la carta Además, el Art. 2 de la Ley 9.784 sobre el proceso administrativo en el ámbito de la Administración Pública Federal recoge entre los principios que regirán la Administración Pública el principio de eficiencia.

Paraguay (50): El Plan de Política Migratoria de Paraguay se refiere a esto en su párrafo 67 hace referencia a que, para facilitar los trámites migratorios aquellas personas solicitantes de asilo que deseen radicarse en el país, la autoridad migratoria recurrirá a la «mediación de organizaciones internacionales humanitarias reconocidas, especialmente las que actúan en la evacuación de las personas desplazadas por las causas señaladas, poniendo cuidado en priorizar la atención de niños, niñas, mujeres y ancianos».

Uruguay (50): De acuerdo con el Documento Marco sobre Política Migratoria en Uruguay (2016), se ha dado una «mejora de los sistemas informáticos y simplificación administrativa en cada organismo público». El Decreto 500/991 sobre el procedimiento administrativo y disciplinario aplicable al funcionario público de la Administración Central, en el apartado II) de su Considerando, establece que se pretende dotar al procedimiento administrativo de agilidad y flexibilidad, evitando trámites innecesarios. También lo recoge en el apartado e) de su Art. 2: «economía, celeridad y eficacia».

1.5. Discreción administrativa y documentación para solicitantes de asilo

Argentina (50): «La Ley 19.549 de Procedimiento Administrativo establece como características del procedimiento administrativo "la celeridad, economía, sencillez y eficacia en los trámites». Según UNICEF, «en muchas ocasiones, las instituciones tienen procedimientos administrativos que obstaculizan el cumplimiento del derecho. Por ejemplo, en muchos hospitales existe una planilla donde debe completarse un número de DNI para asignar un turno médico». Si el centro sanitario requiere de su DNI, será suficiente con enseñar el del país de origen. Argentina también cuenta con el programa nacional SUMAR, que ofrece asistencia sanitaria gratuita para mujeres embarazadas, niños/as, adolescentes, embarazadas, hombres y mujeres de hasta 64 años que no tienen obra social ni prepaga. Para ser beneficiario del mismo, según su página web, tan sólo se requiere "concurrir al centro de salud más cercano a su domicilio y completar el Formulario Único de Inscripción" . Aquí no se tiene en cuenta la categoría migratoria.

Brasil (50): La norma sancionada también reduce los trámites burocráticos exigidos a quienes buscan refugio o residencia en Brasil. Asimismo, aplica la discreción administrativa en los requisitos que se solicitan para la obtención de la Carta Nacional de Salud (Cartão Nacional de Saúde). Esta es un documento de identificación de los usuarios del sistema de salud. Facilita la utilización del Sistema Único de Salud por parte de los brasileños y los extranjeros que residen en el país, identificándolos a través de una numeración única . La solicitud del documento se realiza en el establecimiento de salud. Dependerá de la gestoría municipal que se soliciten o no documentos de identificación para la expedición de la carta . Además, el art. 2 de la Ley 9.784 sobre el proceso administrativo en el ámbito de la Administración Pública Federal recoge como entre los principios que regirán la Administración Pública, el principio de eficiencia.

Paraguay (50): El Plan de Política Migratoria de Paraguay se refiere a esto en su párrafo 67. Hace referencia a que, para facilitar los trámites migratorios aquellas personas solicitantes de asilo que deseen radicarse en el país, la autoridad migratoria recurrirá a la "mediación de organizaciones internacionales humanitarias reconocidas, especialmente las que actúan en la evacuación de las personas desplazadas por las causas señaladas, poniendo cuidado en priorizar la atención de niños, niñas, mujeres y ancianos

Uruguay (50): De acuerdo con el Documento Marco sobre Política Migratoria en Uruguay (2016), se ha dado una «mejora de los sistemas informáticos y simplificación administrativa en cada organismo público». El Decreto 500/991 sobre el procedimiento administrativo y disciplinario aplicable al funcionario público de la Administración Central, en el apartado II) de su Considerando, establece que se pretende dotar al procedimiento administrativo de agilidad y flexibilidad, evitando trámites innecesarios. También lo recoge en el apartado e) de su Art. 2: «economía, celeridad y eficacia».

1.6. Discreción administrativa y documentación para inmigrantes irregulares

Argentina (50): La Ley 19.549 de Procedimiento Administrativo establece como características del procedimiento administrativo «la celeridad, economía, sencillez y eficacia en los trámites.»

Según UNICEF, «en muchas ocasiones, las instituciones tienen procedimientos administrativos que obstaculizan el cumplimiento del derecho. Por ejemplo, en muchos hospitales existe una planilla donde debe completarse un número de DNI para asignar un turno médico». Si el centro sanitario requiere de su DNI, será suficiente con enseñar el del país de origen.

Argentina también cuenta con el programa nacional SUMAR, que ofrece asistencia sanitaria gratuita para mujeres embarazadas, niños/as, adolescentes, embarazadas, hombres y mujeres de hasta 64 años que no tienen obra social ni prepaga. Para ser beneficiario del mismo, según su página web, tan sólo se requiere «concurrir al centro de salud más cercano a su domicilio y completar el Formulario Único de Inscripción». Aquí no se tiene en cuenta la categoría migratoria.

Brasil (50): La norma sancionada también reduce los trámites burocráticos exigidos a quienes buscan refugio o residencia en Brasil. También aplica la discreción administrativa en los requisitos que se solicitan para la obtención de la Carta Nacional de Salud (Cartão Nacional de Saúde). Esta es un documento de identificación de los usuarios del sistema de salud. Facilita la utilización del Sistema Único de Salud por parte de los brasileños y los extranjeros que residen en el país, identificándolos a través de una numeración única . La solicitud del documento se realiza en el establecimiento de salud. Dependerá de la gestoría municipal que se soliciten o no documentos de identificación para la expedición de la carta. Además, el Art. 2 de la Ley 9.784 sobre el proceso administrativo en el ámbito de la Administración Pública Federal recoge como entre los principios que regirán la Administración Pública, el principio de eficiencia.

Paraguay (50): El Plan de Política Migratoria de Paraguay se refiere a esto en su Párrafo 67. Hace referencia a que, para facilitar los trámites migratorios aquellas personas solicitantes de asilo que deseen radicarse en el país, la autoridad migratoria recurrirá a la "mediación de organizaciones internacionales humanitarias reconocidas, especialmente las que actúan en la evacuación de las personas desplazadas por las causas señaladas, poniendo cuidado en priorizar la atención de niños, niñas, mujeres y ancianos

Uruguay (50): De acuerdo con el Documento Marco sobre Política Migratoria en Uruguay (2016), se ha dado una «mejora de los sistemas informáticos y simplificación administrativa en cada organismo público». El Decreto 500/991 sobre el procedimiento administrativo y disciplinario aplicable al funcionario público de la Administración Central, en el apartado II) de su Considerando, establece que se pretende dotar al procedimiento administrativo de agilidad y flexibilidad, evitando trámites innecesarios. También lo recoge en el apartado e) de su Art. 2: «economía, celeridad y eficacia».

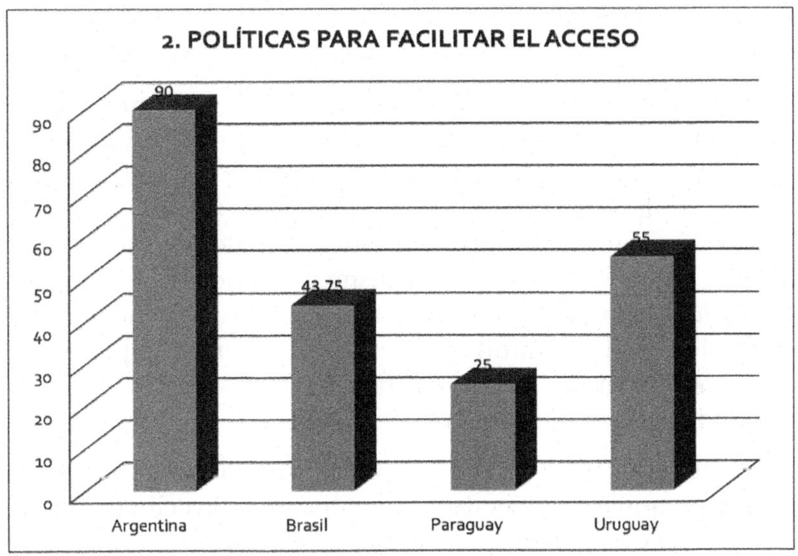

Fuente: Elaboración propia a través de los datos obtenidos en nuestra investigación utilizando la metodología MIPEX.

INDICADORES

2.1. Información para los proveedores de salud acerca de los derechos de los inmigrantes

Argentina (50): La sección b) del Art. 9 del Dec. n° 616/2010 establece que la Dirección Nacional de Migraciones debe «(...) b) Organizar un sistema de formación e información sobre los derechos y deberes que acuerda la Ley n° 25.871 y sus modificatorias y la presente reglamentación para funcionarios, públicos y personal que se desempeña en entes que tienen trato con los extranjeros, en especial las educativas, de salud, alojamiento y transporte.» Se cuenta con el Cuadernillo de UNICEF «Migrantes y Derecho a la Salud», dirigido a trabajadores del ámbito sanitario que tratan con personas extranjeras. Su apartado 3.4 está dedicado a la salud sexual y reproductiva desde una perspectiva de la interculturalidad.

Brasil (0): En la legislación no se establece ningún supuesto de que los proveedores de salud deban recibir información especial acerca de los derechos y deberes de los migrantes en materia migratoria. El Ministerio de Salud cuenta con unos cursos empleados privados entidades virtuales de aprendizaje del sistema de salud. Entre los mismos, destacan el curso *Introdução ao Acolhimento* como uno de los más demandados. Estos cursos los ofertan gratuitamente, y uno de entre el público al que están dirigidos, se encuentran los profesionales, técnicos, estudiantes y gestores del área de salud.

Paraguay (0): En la legislación no se establece ningún supuesto de que los proveedores de salud deban recibir información especial acerca de los derechos y deberes de los migrantes en materia migratoria.

Uruguay (50): En 2017, comenzaron a llevarse a cabo cursos de capacitación del personal sanitario público y privado. Los primeros cursos se centraron en el fundamento del Sistema Nacional Integrado de Salud (SNIS); bioética; uso racional de recursos, preventivos, diagnósticos y terapéuticos, seguridad del paciente y cultura de trabajo. Podría esperarse que más adelante se realizaran cursos sobre derechos de migrantes o similares.

2.2. Información para los inmigrantes acerca de sus derechos y el uso de los servicios sanitarios

Argentina: 100

Brasil: 50

Paraguay: 50

Uruguay: 50

Subindicador a): Métodos de entrega

Argentina (100): Los migrantes pueden encontrar información relativa a sus derechos sanitarios en la legislación pertinente disponible online y en los sitios web de la Dirección de Migración y el Ministerio de Salud. Artículo 9, Ley de Migraciones: «Los migrantes y sus familiares tendrán derecho a que el Estado les proporcione información acerca de:

a) Sus derechos y obligaciones con arreglo a la legislación vigente;

b) Los requisitos establecidos para su admisión, permanencia y egreso;

c) Cualquier otra cuestión que le permita o facilite cumplir formalidades administrativas o de otra índole en la República Argentina (...) La información requerida será brindada gratuitamente a los extranjeros que la soliciten y, en la medida de lo posible, en un idioma que puedan entender».

Además, de acuerdo con el Art .9 del Reglamento el Estado debe «(...) c) Brindar información en materia migratoria a extranjeros, en especial para facilitar los trámites necesarios para cumplir con su radicación. A tal fin se contemplará la utilización de sus lenguas de origen y la asistencia de intérpretes lingüísticos y mediadores culturales».

Brasil (50): Los migrantes pueden encontrar información relativa a sus derechos sanitarios en la legislación pertinente disponible online y en los sitios web de la Dirección de Migración y el Ministerio de Salud.

Paraguay (50): Los migrantes pueden encontrar información relativa a sus derechos sanitarios en la legislación pertinente disponible online y en los sitios web de la Dirección de Migración y el Ministerio de Salud. Según el Párrafo 68 del Plan de Política Migratoria, en referencia a las agrupaciones asociativas que se creen, «por medio de la normativa y de la autoridad migratoria, se canalizará a través de las mismas [asociaciones] todo tipo de información útil a la tramitación que les sea requerida para la regularización de su permanencia y residencia en el territorio nacional y que faciliten su plena integración a la sociedad».

Uruguay (100): Los migrantes pueden encontrar información relativa a sus derechos sanitarios en la legislación pertinente disponible online y en los sitios web de la Dirección de Migración y el Ministerio de Salud. Por otra parte, la «Guía Vivir en Uruguay», contiene un apartado sobre salud, que a su vez aporta información acerca de la afiliación a los servicios de salud del Estado, el carné de salud y la salud reproductiva y sexual.

Subindicador b): Idiomas

Argentina (100): El Artículo 9 de la Ley de Migraciones dispone que «los migrantes y sus familiares tendrán derecho a que el Estado les proporcione información acerca de:

a) Sus derechos y obligaciones con arreglo a la legislación vigente;

b) Los requisitos establecidos para su admisión, permanencia y egreso;

c) Cualquier otra cuestión que le permita o facilite cumplir formalidades administrativas o de otra índole en la República Argentina (...) La información requerida será brindada gratuitamente a los extranjeros que la soliciten y, en la medida de lo posible, en un idioma que puedan entender"

Además, de acuerdo con el Art .9 del Reglamento el Estado debe «(...) c) Brindar información en materia migratoria a extranjeros, en especial para facilitar los trámites necesarios para cumplir con su radicación. A tal fin se contemplará la utilización de sus lenguas de origen y la **asistencia de intérpretes lingüísticos y mediadores culturales**».

Brasil (0): Esta información esta disponible en portugués.

Paraguay (0): Esta información esta disponible en español.

Uruguay (0): Información disponible en español.

Subindicador c): Grupos

Argentina (100): El acceso a la salud es extensible tanto a migrantes legales como a asilados e indocumentados y la información existente está disponible para los tres grupos.

Brasil (100): El acceso a la salud es extensible tanto a migrantes legales como a asilados e indocumentados y la información existente está disponible para los tres grupos.

Paraguay (100): El acceso a la salud es extensible tanto a migrantes legales como a asilados e indocumentados y la información existente está disponible para los tres grupos.

Uruguay (100): El acceso a la salud es extensible tanto a migrantes legales como a asilados e indocumentados y la información existente está disponible para los tres grupos.

2.3. Información para inmigrantes acerca de educación sanitaria y promoción

Argentina: 100

Brasil: 50 Paraguay: 50

Uruguay: 50

Subindicador a): Métodos de entrega

Argentina (100): Los migrantes pueden encontrar información relativa a sus derechos sanitarios en la legislación pertinente disponible online y en los sitios web de la Dirección de Migración y el Ministerio de Salud. El Art. 9 de la Ley de Migraciones señala que «los migrantes y sus familiares tendrán derecho a que el Estado les proporcione información acerca de:

a) Sus derechos y obligaciones con arreglo a la legislación vigente;

b) Los requisitos establecidos para su admisión, permanencia y egreso;

c) Cualquier otra cuestión que le permita o facilite cumplir formalidades administrativas o de otra índole en la República Argentina (...) La información requerida será brindada gratuitamente a los extranjeros que la soliciten y, en la medida de lo posible, en un idioma que puedan entender».

Además, de acuerdo con el Art .9 del Reglamento el Estado debe «(...) c) Brindar información en materia migratoria a extranjeros, en especial para facilitar los trámites necesarios para cumplir con su radicación. A tal fin se contemplará la utilización de sus lenguas de origen y la asistencia de intérpretes lingüísticos y mediadores culturales».

Brasil (50): Los migrantes pueden encontrar información relativa a sus derechos sanitarios en la legislación pertinente disponible online y en los sitios web de la Dirección de Migración y el Ministerio de Salud.

Paraguay (50): Los migrantes pueden encontrar información relativa a sus derechos sanitarios en la legislación pertinente disponible online y en los sitios web de la Dirección de Migración y el Ministerio de Salud. Según el Párrafo 68 del Plan de Política Migratoria, en referencia a las agrupaciones asociativas que se creen «por medio de la normativa y de la autoridad migratoria, se canalizará a través de las mismas [asociaciones] todo tipo de información útil a la tramitación que les sea requerida para la regularización de su permanencia y residencia en el territorio nacional y que faciliten su plena integración a la sociedad».

Uruguay (100): Los migrantes pueden encontrar información relativa a sus derechos sanitarios en la legislación pertinente disponible online y en los sitios web de la Dirección de Migración y el Ministerio de Salud. Guía Vivir en Uruguay, contiene un apartado sobre salud, que a su vez aporta información acerca de la afiliación a los servicios de salud del Estado, el carné de salud y la salud reproductiva y sexual.

Subindicador b): Idiomas

Argentina (100): El Art. 9 de la Ley de Migraciones dispone lo siguiente: «Los migrantes y sus familiares tendrán derecho a que el Estado les proporcione información acerca de:

a) Sus derechos y obligaciones con arreglo a la legislación vigente;

b) Los requisitos establecidos para su admisión, permanencia y egreso;

c) Cualquier otra cuestión que le permita o facilite cumplir formalidades administrativas o de otra índole en la República Argentina (...) La información requerida será brindada gratuitamente a los extranjeros que la soliciten y, en la medida de lo posible, en un idioma que puedan entender».

Además, de acuerdo con el art.9 del Reglamento el Estado debe «(...) c) Brindar información en materia migratoria a extranjeros, en especial para facilitar los trámites necesarios para cumplir con su radicación. A tal fin se contemplará la utilización de sus lenguas de origen y la asistencia de intérpretes lingüísticos y mediadores culturales».

Brasil (0): Esta información esta disponible en portugués.

Paraguay (0): Esta información esta disponible en portugués.

Uruguay (0): Información disponible en español.

Subindicador c): Grupos

Argentina (100): El acceso a la salud es extensible tanto a migrantes legales como a asilados e indocumentados y la información existente está disponible para los tres grupos.

Brasil (100): El acceso a la salud es extensible tanto a migrantes legales como a asilados e indocumentados y la información existente está disponible para los tres grupos.

Paraguay (100): El acceso a la salud es extensible tanto a migrantes legales como a asilados e indocumentados y la información existente está disponible para los tres grupos.

Uruguay (100): El acceso a la salud es extensible tanto a migrantes legales como a asilados e indocumentados y la información existente está disponible para los tres grupos.

2.4. Existencia de mediadores culturales para facilitar el acceso de los migrantes

Argentina: 100

Brasil: A la espera de respuestas por parte del Estado para realizar promedio.

Paraguay: A la espera de respuestas por parte del Estado para realizar promedio.

Uruguay: 50

Subindicador a): Existencia de mediadores culturales

Argentina (100): El Art. 9 del Reglamento de la Ley de Migraciones dispone lo siguiente respecto de la información de derechos y deberes «(...) A tal fin se contemplará la utilización de sus lenguas de origen y la **asistencia de intérpretes lingüísticos y mediadores culturales**».

Brasil: A la espera de respuesta por parte del Estado.

Paraguay: A la espera de respuesta por parte del Estado.

Uruguay (50): No se recoge de manera explícita en la legislación. El Art. 13 del Reglamento de la Ley 18.335 sobre Derechos y Obligaciones de Pacientes y Usuarios de los Servicios de Salud, al referirse a la información a la que tienen derecho los pacientes, establece que «(...) La información deberá ser completa y brindada en términos comprensibles». Sin embargo, el Art. 17 del Reglamento de la Ley 18.335 sobre Derechos y Obligaciones de Pacientes y Usuarios de los Servicios de Salud, al referirse al consentimiento informado al que tiene derecho el paciente, dice que este debe ser proporcionado «en lenguaje comprensible para dicho paciente».

Subindicador b): Grupos

A la espera de información por parte de los Estados.

2.5. Obligación de notificar irregularidad migratoria y sanciones por asistir a migrantes irregulares

Argentina: 100

Brasil: 75

Paraguay: 75

Uruguay: 75

Subindicador a): Obligación de notificar

Argentina (100): El Art. 25 del Código Ético de la Asociación Argentina de Medicina dispone lo siguiente: «El miembro del Equipo de Salud no debe discriminar al ser humano por su pertenencia religiosa, étnica, conductas sexuales, sus ideas políticas, aspecto físico, discapacidades, nivel educativo y económico, enfermedades de transmisión sexual o relacionadas a las drogadicciones, así como por ser exiliado o inmigrante.» Sin embargo, no se especifica que el profesional sanitario deba informar de la situación de irregularidad del migrante. El Art. 8 de la Ley de Migraciones establece que «no podrá negársele o restringírsele en ningún caso, el acceso al derecho a la salud, la asistencia social o atención sanitaria a todos los extranjeros que lo requieran, cualquiera sea su situación migratoria. Las autoridades de los establecimientos sanitarios deberán brindar orientación y asesoramiento respecto de los trámites correspondientes a los efectos de subsanar la irregularidad migratoria». La nueva ley ya no hace referencia a la denuncia del residente en situación irregular (como sí ocurría bajo la ley de la dictadura), sino que lo sustituye por el asesoramiento. No reciben sanción por asistirlos.

Brasil (50): Ni en la legislación ni en el Código de Ética Médica brasileño se hace referencia a la obligación de reportar la irregularidad del migrante.

Paraguay (50): Ni en la legislación ni en el Código de Ética Médica de Colegio Médico del Paraguay se hace referencia a la obligación de reportar la irregularidad del migrante.

Uruguay: Ni en la legislación ni en el Código de Ética Médica de Colegio Médico del Uruguay se hace referencia a la obligación de reportar la irregularidad del migrante.

Subindicador b): Sanciones

Argentina (100): No se establece en la legislación ninguna sanción por asistir a migrantes irregulares o con insolvencia económica. El Art. 8 de la Ley 25.871 establece lo siguiente: «No podrá negársele o restringírsele en ningún caso, el acceso al derecho a la salud, la asistencia social o atención sanitaria a todos los extranjeros que lo requieran, cualquiera sea su situación migratoria.»

Brasil (100): En la legislación brasileña no se indica que exista ninguna sanción aplicable a los profesionales sanitarios que decida asistir a inmigrantes irregulares o con insolvencia económica.

Paraguay (100): En la legislación paraguaya no se indica que exista ninguna sanción aplicable a los profesionales sanitarios que decida asistir a inmigrantes irregulares o con insolvencia económica.

Uruguay (100): En la legislación uruguaya no se indica que exista ninguna sanción aplicable a los profesionales sanitarios que decida asistir a inmigrantes irregulares o con insolvencia económica.

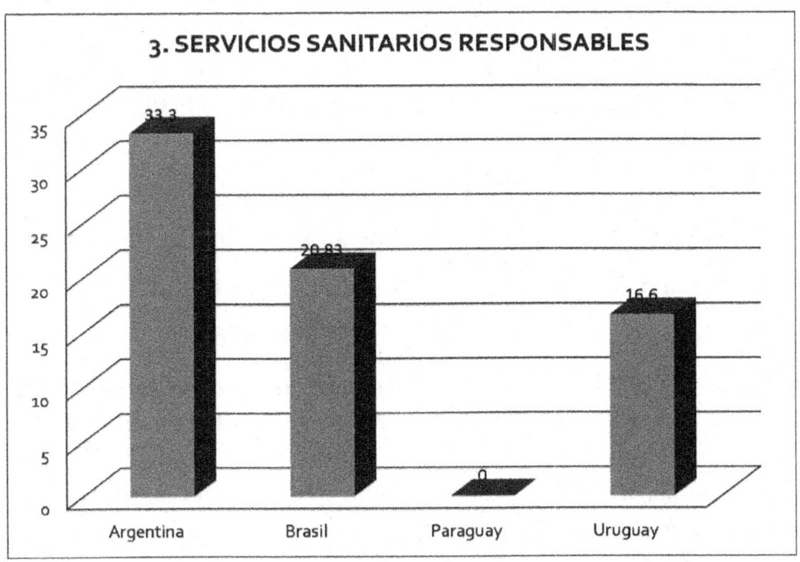

Fuente: Elaboración propia a través de los datos obtenidos en nuestra investigación utilizando la metodología MIPEX.

INDICADORES

3.1. Disponibilidad de servicios calificados de interpretación

Argentina: 75

Brasil: A la espera de recibir respuesta por parte del Estado para realizar promedio.

Paraguay: A la espera de recibir respuesta por parte del Estado para realizar promedio.

Uruguay: A la espera de recibir respuesta por parte del Estado para realizar promedio.

Subindicador a): Coste/disponibilidad de intérpretes

Argentina (100): El Art. 9 del Reglamento de la Ley de Migraciones dispone lo siguiente respecto de la información de derechos y deberes «(...) A tal fin se contemplará la utilización de sus lenguas de origen y la asistencia de intérpretes lingüísticos y mediadores culturales».

Brasil: A la espera de respuesta por parte del Estado.

Paraguay: A la espera de respuesta por parte del Estado.

Uruguay: A la espera de respuesta por parte del Estado.

Subindicador b): Métodos de interpretación

Argentina (50): El Art. 9 del Reglamento de la Ley de Migraciones dispone lo siguiente respecto de la información de derechos y deberes «(...) A tal fin se contemplará la utilización de sus lenguas de origen y la asistencia de intérpretes lingüísticos y mediadores culturales».

Brasil: A la espera de respuesta por parte del Estado.

Paraguay: A la espera de respuesta por parte del Estado.

Uruguay: A la espera de respuesta por parte del Estado.

3.2. Servicios competentes en materia cultural y en diversidad

Argentina (50): El Art. 9 del Reglamento de la Ley de Migraciones dispone lo siguiente respecto de la información de derechos y deberes «(...) A tal fin se contemplará la utilización de sus lenguas de origen y la asistencia de intérpretes lingüísticos y mediadores culturales».

Brasil (50): Brasil cuenta con el programa HumanizaSUS. El objetivo del programa es revalorizar el sistema de salud brasileño, humanizando la participación de pacientes y trabajadores en el sistema y estableciendo vínculos de solidaridad . Dentro de las directrices del programa se encuentra *Clínica ampliada e compartilhada,* por la cual el trabajador de salud debe considerar al paciente no sólo en sus necesidades estrictamente médicas, sino también sociales, culturales, económicas, etc.

Paraguay: A la espera de respuestas por parte del Estado.

Uruguay: A la espera de respuestas por parte del Estado.

3.3. Formación y educación del personal sanitario

Argentina (50): Más allá de la capacitación dentro de la carrera, la cual se deja ver bastante escasa, sobre todo en Medicina, hay otras iniciativas dentro del ámbito universitario. La UBA cuenta, dentro de la Facultad de Derecho, con el Observatorio de la Salud, cuya finalidad es "fomentar el derecho a la salud mediante el aseguramiento de su efectivo acceso por parte de los sectores más vulnerables de la sociedad. También cuenta, en el marco de su extensión universitaria, con el Programa de Acción Comunitaria en Barrios Vulnerables (PIACBV), a través del cual los estudiantes llevan a cabo actividades en apoyo a poblaciones en situaciones de riesgo. Las actividades realizadas están relacionadas con odontología, oftalmología, atención primaria de la salud, nutrición, detección de riesgos cardiovasculares, detección y prevención de enfermedades de transmisión sexual, y vacunación A nivel local y fuera de la comunidad universitaria, el Gobierno de la Ciudad Autónoma de Buenos Aires (GCABA) cuenta con un Grupo de trabajo en Salud y Migración, creado por el Ministerio de Salud de la CABA, mediante la Resolución No 2515/07 y dependiente de la Dirección de Capacitación Profesional y Técnica, que ofrece cursos para los trabajadores del sistema de salud sobre la atención de población migrante y difusión de los derechos que tienen garantizados en la Ley de Migraciones.

Brasil (0): Más allá de ciertas asignaturas presentes en el currículum de la carrera de medicina donde podrían mencionarse cuestiones relativas a la migración, no existen iniciativas especificas que preparen al personal sanitario para incluir las necesidades de estos colectivos. El Programa de Formación de Agentes Indígenas de Salud y Saneamiento (Programa de Formação de Agentes Indígenas de Saúde e de Saneamento). Estos agentes fortalecen el protagonismo indígena en las organizaciones e incentivan las acciones adecuadas a los diferentes contextos y comunidades en materia de salud

Paraguay (0): Más allá de ciertas asignaturas presentes en el currículum de la carrera de medicina donde podrían mencionarse cuestiones relativas a la migración, no existen iniciativas especificas que preparen al personal sanitario para incluir las necesidades de estos colectivos.

Uruguay (0): Más allá de ciertas asignaturas presentes en el currículum de la carrera de medicina donde podrían mencionarse cuestiones relativas a la migración, no existen iniciativas especificas que preparen al personal sanitario para incluir las necesidades de estos colectivos.

3.4. Participación de los migrantes en el diseño de los servicios

Argentina (0): No existen aspectos especiales donde los migrantes estén involucrados de una forma específica. Podrían existir casos aislados pero no necesariamente relacionados con métodos que intenten fomentar su presencia en estos mecanismos.

Brasil (0): No existen aspectos especiales donde los migrantes estén involucrados de una forma específica. Podrían existir casos aislados pero no necesariamente relacionados con métodos que intenten fomentar su presencia en estos mecanismos.

Paraguay (0): No existen aspectos especiales donde los migrantes estén involucrados de una forma específica. Podrían existir casos aislados pero no necesariamente relacionados con métodos que intenten fomentar su presencia en estos mecanismos.

Uruguay (0): No existen aspectos especiales donde los migrantes estén involucrados de una forma específica. Podrían existir casos aislados pero no necesariamente relacionados con métodos que intenten fomentar su presencia en estos mecanismos.

3.5. Fomento de la diversidad entre el personal sanitario

Argentina (0): No se aprecian medidas que fomenten la incorporación de profesionales con orígenes migrantes en los servicios sanitarios.

Brasil (50): El apartado X del Art. 3 de la Ley de Migración (Lei de Migrações) recoge como uno de los principios de la política migratoria brasileña la inclusión social, laboral y productiva del migrante por medio de políticas públicas ("inclusão social, laboral e produtiva do migrante por meio de políticas públicas"). El Art. 4 de la Ley de Migración concede derecho de ejercicios de funciones públicas a los extranjeros, exceptuando aquellos que estén reservados a los brasileños, de acuerdo con la Constitución. También se cuenta con el *Programa Mais Medicos,* dirigido a aumentar la plantilla médica nacional. Este programa, si bien no dirigido exclusivamente a población extranjera, sí los contempla como posibles candidatos. En primer lugar, tienen preferencia los médicos con titulación brasileña (ya sean nacionales o extranjeros), en segundo lugar, los brasileños con titulación extranjera, y en tercer lugar, los extranjeros con titulación extranjera.

Paraguay (0): No se aprecian medidas que fomenten la incorporación de profesionales con orígenes migrantes en los servicios sanitarios.

Uruguay (50): Como objetivo específico del Documento Marco sobre Política Migratoria en Uruguay (2016) se recoge el «optimizar la inserción laboral de las personas inmigrantes en igualdad de condiciones que las personas de origen nacional».

3.6. Desarrollo de métodos y calificaciones

Argentina: 25

Brasil: 0

Paraguay: A la espera de respuesta por parte del Estado para realizar promedio.

Uruguay: A la espera de respuesta por parte del Estado para realizar promedio.

Subindicador a): Adaptación de los métodos

Argentina (50): La Ley de Migraciones no limita el acceso a la salud únicamente a ciertas prestaciones, sino que se tienen en cuenta enfermedades como HIV/Sida o la tuberculosis, a pesar de que puedan requerir tratamientos largos.

Brasil (0): Podemos entender que el sistema de salud brasileño toma más en cuenta la realidad intercultural del país, dada la implementación del subsistema de salud indígena, incluido en las leyes 8.080 y 9.836. En el artículo 19-F de ambas se recoge que el Estado brasileño debe obligatoriamente tener en cuenta la realidad local y especificidades de la cultura de los pueblos indígenas y el modelo correcto para la atención a la salud indígena (...) («Dever-se-á obrigatoriamente levar em consideração a realidade local e as especificidades da cultura dos povos indígenas e o modelo a ser adotado para a atenção à saúde indígena, que se deve pautar por uma abordagem diferenciada e global (...)»)

Paraguay: A la espera de datos por parte del Estado.

Uruguay: A la espera de datos por parte del Estado.

Subindicador b): Métodos específicos

Argentina (0): No existen métodos específicos destinados a atender las necesidades de las comunidades migrantes.

Brasil (0): No existen métodos específicos destinados a atender las necesidades de las comunidades migrantes.

Paraguay (0): No existen métodos específicos destinados a atender las necesidades de las comunidades migrantes.

Uruguay (0): No existen métodos específicos destinados a atender las necesidades de las comunidades migrantes.

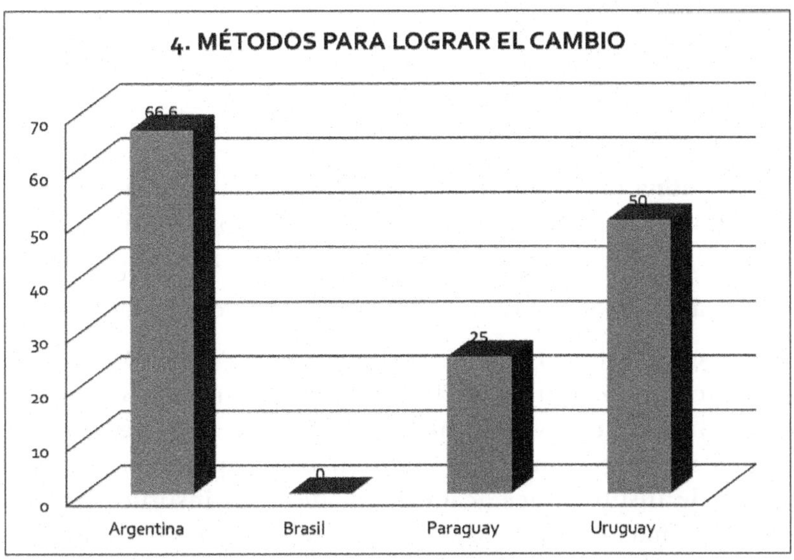

Fuente: Elaboración propia a través de los datos obtenidos en nuestra investigación utilizando la metodología MIPEX.

INDICADORES

4.1. Recolección de datos de la salud de los migrantes

Argentina (100): El Art.15 de la Ley 26.529 sobre Derechos del Paciente en su Relación con los Profesionales e Instituciones de la Salud se establece en el apartado b) que la historia clínica debe contener «Datos identificatorios del paciente y su núcleo familiar; (...) e) antecedentes genéticos, fisiológicos y patológicos si los hubiere (...)»

Brasil: A la espera de recibir datos por parte del Estado.

Paraguay: A la espera de recibir datos por parte del Estado.

Uruguay: A la espera de recibir datos por parte del Estado.

4.2. Apoyo para la investigación sobre la salud migrante

Argentina (50): Argentina está trabajando en nuevas formas de comunicación y un reforzamiento de la comprensión de culturas con concepciones de la salud diferentes a la occidental.

Brasil: A la espera de respuesta por parte del Estado.

Paraguay (50): El párrafo 69 del Plan de Política Migratoria establece que «la autoridad migratoria promoverá el estudio de la situación de los extranjeros residentes en el país, por medio de investigaciones que cuenten con la participación y el apoyo de instituciones académicas, de otras instituciones del gobierno nacional y de asociaciones organizadas de inmigrantes, con el fin de mejorar el conocimiento de su estatus legal, condiciones de vida e integración social y cultural, para permitir un mejor servicio al migrante y coadyuvar al fortalecimiento del sistema estadístico nacional».

Uruguay: A la espera de recibir datos por parte del Estado.

4.3. "Health in all policies" approach

A la espera de recibir datos por parte de los Estados.

4.4. Whole organization approach

A la espera de recibir datos por parte de los Estados.

4.5. Liderazgo del Gobierno

Argentina (50): No se promulga ningún plan de acción específico para la sanidad de los migrantes. No cuenta con programas específicos para migrantes, pero sí existen algunos donde los migrantes se pueden ver beneficiados.

Plan Nacer: Su objetivo es mejorar la cobertura sanitaria para mujeres, niños/as en las etapas de embarazo y hasta los 6 años. No es necesario poseer el documento de identidad (argentino o extranjero). Tampoco importa el tipo de residencia que tengan en Argentina. En cuanto a migrantes, el programa más remarcable es el programa nacional SUMAR, que ofrece asistencia sanitaria gratuita para mujeres embarazadas, niños/as, adolescentes, embarazadas, hombres y mujeres de hasta 64 años que no tienen obra social ni prepaga. Para ser beneficiario del mismo, según su página web, tan sólo se requiere «concurrir al centro de salud más cercano a su domicilio y completar el Formulario Único de Inscripción».

Brasil (0): No se promulga ningún plan de acción específico para la sanidad de los migrantes.

Paraguay (0): No se promulga ningún plan de acción específico para la sanidad de los migrantes.

Uruguay (50): En 2008 se crea el Sistema Nacional Integrado de Salud (SNIS). Con él se amplía la cobertura del sistema. A partir de entonces incluye a trabajadores públicos y privados que realizan aportaciones al sistema por medio de sus ingresos, al cónyuge, a los hijos menores de edad, a las personas con discapacidad, y a los jubilados con bajos ingresos.

4.6. Involvement of migrants and stakeholders

A la espera de recibir datos por parte de los Estados.

5) PARTICIPACIÓN POLÍTICA

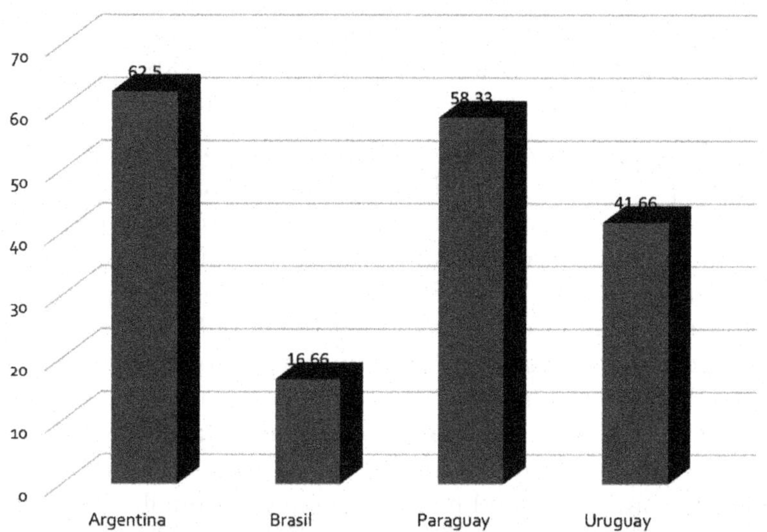

Fuente: Elaboración propia (2018) a través de los datos obtenidos en nuestra investigación utilizando la metodología MIPEX.

A pesar de que en esta área de política los resultados son preliminares ya que existen varios indicadores de los que aún no contamos con resultados, estimamos que los resultados finales variarán escasamente (si es que lo hacen) y que el ranking mantendrá el orden que presentamos en el presente informe. Así, nos encontramos con Argentina en la primera posición de esta clasificación por la extensión de derechos políticos que ofrece a los inmigrantes. Este hecho puede estar fundamentado en su estructura federal, donde los gobiernos locales suelen ser más inclusivos y abiertos a ofrecer participación en la toma de decisiones políticas a los recién llegados a suelo argentino.

El país más restrictivo en este ámbito es Brasil, ya que no reconoce los derechos electorales a los inmigrantes. Aquellos que llegue a este país y tengan deseo de participar de su vida pública mediante la participación política deben nacionalizarse. Paraguay ocupa la segunda posición en este apartado con un puntaje de 58,33 por factores como la posibilidad que ofrece a los inmigrantes de ser elegibles en las elecciones locales. Por su parte, esta vez Uruguay se queda en tercer lugar con una puntuación de 41,66 sobre 100, con ciertas restricciones como la necesidad que tienen los migrantes de aguardar un mínimo de tres años para poder ejercer el derecho al sufragio.

DIMENSIONES

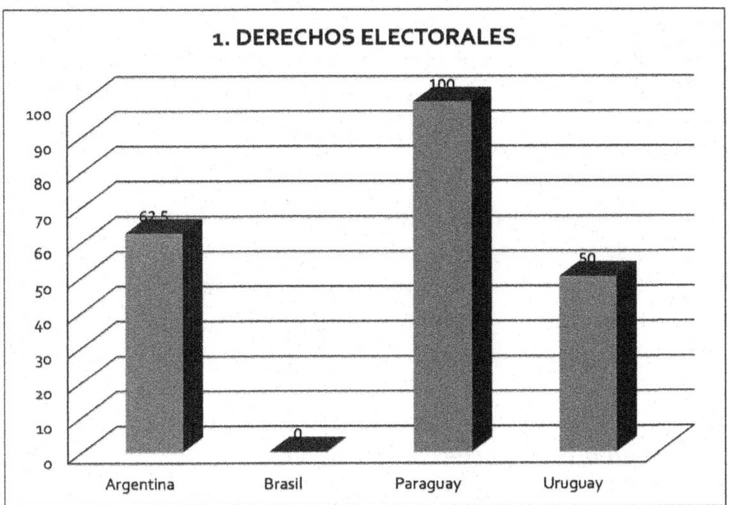

Fuente: Elaboración propia a través de los datos obtenidos en nuestra investigación utilizando la metodología MIPEX.

INDICADORES

1.1. Derecho a voto en elecciones nacionales

Argentina (0): El Código Electoral argentino en su Art. 1 establece que «Son electores los argentinos nativos y por opción, desde los dieciséis (16) años de edad, y los argentinos naturalizados, desde los dieciocho (18) años de edad, que no tengan ninguna de las inhabilitaciones previstas en esta ley.» Es decir, los residentes extranjeros no pueden votar en elecciones nacionales.

Brasil (0): La Constitución Brasileña en su Art. 14-2 deniega el derecho al voto a los extranjeros «Não podem alistar-se como eleitores os estrangeiros». Los migrantes deben nacionalizarse para poder votar. Es interesante que la Constitución sí otorga derecho al sufragio a los portugueses con residencia permanente en Brasil (Art 2.b.I).

Paraguay (100): El Art. 2 del Código Electoral Paraguayo establece lo siguiente: «Son electores los ciudadanos paraguayos radicados en el territorio nacional y los extranjeros con radicación definitiva que hayan cumplido diez y ocho años de edad, que reúnan los requisitos exigidos por la ley y que estén inscriptos en el Registro Cívico Permanente.»

Uruguay (100): Desde la Constitución de 1934 ya se establecía lo siguiente: «Tienen derecho al sufragio, sin necesidad de obtener previamente ciudadanía legal, los hombres y mujeres extranjeros, casados, de buena conducta, que, poseyendo algún capital en giro o propiedad en el país, o profesando alguna ciencia, arte o industria, tengan residencia habitual de quince años, por lo menos, en la República.» (Art. 78).

1.2. Derecho a voto en elecciones regionales

Argentina (100): La Constitución de la Provincia de Buenos Aires en su Art. 191-2 habilita el derecho al voto en elecciones provinciales y municipales a extranjeros con dos años de residencia inmediata en la provincia que sepan leer y escribir.

Brasil (0): La Constitución Brasileña en su Art. 14-2 deniega el derecho al voto a los extranjeros «Não podem alistar-se como eleitores os estrangeiros». Los migrantes deben nacionalizarse para poder votar. Es interesante que la Constitución si otorga derecho al sufragio a los portugueses con residencia permanente en Brasil (Art 2.b.I).

Paraguay (100): El Art. 2 del Código Electoral Paraguayo establece lo siguiente: «Son electores los ciudadanos paraguayos radicados en el territorio nacional y los extranjeros con radicación definitiva que hayan cumplido diez y ocho años de edad, que reúnan los requisitos exigidos por la ley y que estén inscriptos en el Registro Cívico Permanente.»

Uruguay (50): Desde la Constitución de 1934 ya se establecía lo siguiente: «Tienen derecho al sufragio, sin necesidad de obtener previamente ciudadanía legal, los hombres y mujeres extranjeros, casados, de buena conducta, que, poseyendo algún capital en giro o propiedad en el país, o profesando alguna ciencia, arte o industria, tengan residencia habitual de quince años, por lo menos, en la República» (Art. 78). Por otra parte, en la carta magna también se indica en su Art. 75 que todos los ciudadanos legales tendrán que esperar un periodo de tres años antes de poder ejercer los derechos inherentes a su categoría. Es decir, teniendo en cuenta que se deben demostrar tres años de residencia habitual para aquellos con familia constituida en la República y cinco para los que no poseen familia constituida, el periodo previo a ser elegible para votar asciende a 6 y 8 años respectivamente.

1.3. Derecho a voto en elecciones locales

Argentina (100): El Art. 2 de la Ley n° 334 establece que los extranjeros y las extranjeras desde los dieciséis (16) años de edad cumplidos están habilitados para votar en los actos electorales convocados en el marco de la Constitución de la Ciudad Autónoma de Buenos Aires, previa inscripción voluntaria en el Registro de Electoras/es Extranjeras/os siempre y cuando cumplan con los siguientes requisitos:

1. Tener la calidad de «residente permanente» en el país en los términos de la legislación de migraciones.
2. Poseer Documento Nacional de Identidad de Extranjera o Extranjero.
3. Acreditar tres (3) años de residencia en la Ciudad de Buenos Aires y tener registrado en el Documento Nacional de Identidad de Extranjera o Extranjero su último domicilio real en la ciudad.
4. No estar incursos en las inhabilidades que establece el Código Electoral Nacional. a actual Ley de Migraciones establece en el Artículo 11 que: La República Argentina facilitará, de conformidad con la legislación nacional y provincial en la materia, la consulta o participación de los extranjeros en las decisiones relativas a la vida pública y a la administración de las comunidades locales donde residan.

Brasil (0): La Constitución Brasileña en su Art. 14-2 deniega el derecho al voto a los extranjeros «Não podem alistar-se como eleitores os estrangeiros». Los migrantes deben nacionalizarse para poder votar. Es interesante que la Constitución sí otorga derecho al sufragio a los portugueses con residencia permanente en Brasil (Art 2.b.I)

Paraguay (100): El Art. 2 del Código Electoral Paraguayo establece lo siguiente: «Son electores los ciudadanos paraguayos radicados en el territorio nacional y los extranjeros con radicación definitiva que hayan cumplido diez y ocho años de edad, que reúnan los requisitos exigidos por la ley y que estén inscriptos en el Registro Cívico Permanente.»

Uruguay (50): Desde la Constitución de 1934 ya se establecía lo siguiente: «Tienen derecho al sufragio, sin necesidad de obtener previamente ciudadanía legal, los hombres y mujeres extranjeros, casados, de buena conducta, que, poseyendo algún capital en giro o propiedad en el país, o profesando alguna ciencia, arte o industria, tengan residencia habitual de quince años, por lo menos, en la República.» (Art. 78) Por otra parte, en la carta magna también se indica en el Art. 75 que todos los ciudadanos legales tendrán que esperar un periodo de tres años antes de poder ejercer los derechos inherentes a su categoría. Es decir, teniendo en cuenta que se deben demostrar tres años de residencia habitual para aquellos con familia constituida en la República y cinco para los que no poseen familia constituida, el periodo previo a ser elegible para votar asciende a 6 y 8 años respectivamente.

1.4. Derecho a presentarse a elecciones locales

Argentina (50): El Art. 191-2 de la Constitución de la Provincia de Buenos Aires establece que «Serán elegibles todos los ciudadanos mayores de veinticinco años, que sepan leer y escribir, vecinos del distrito, con un año de domicilio anterior a la elección y si son extranjeros, tengan además cinco años de residencia y estén inscriptos en el registro especial.»

Brasil (0): El Código Electoral brasileño establece como requisito de elegibilidad la posesión de la nacionalidad brasileña.

Paraguay (100): El Art. 95 del Código Electoral Paraguayo reconoce a los extranjeros residentes en el país el derecho a ser elegibles para funciones municipales.

Uruguay (0): Para poder ser electo a un cargo en Uruguay se debe ser ciudadano natural.

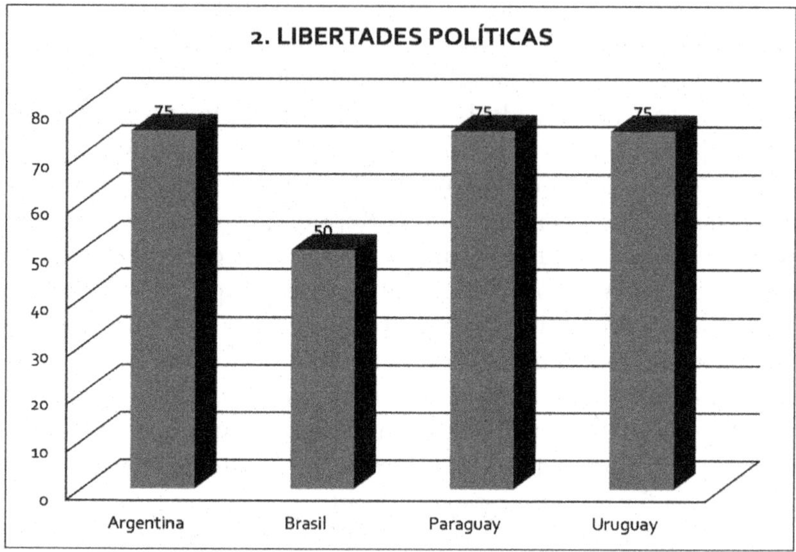

Fuente: Elaboración propia a través de los datos obtenidos en nuestra investigación utilizando la metodología MIPEX.

2.1. Derecho de asociación

Argentina (100): El Art. 106 de la Ley de Migraciones establece lo siguiente: «Los poderes públicos impulsarán el fortalecimiento del movimiento asociativo entre los inmigrantes y apoyarán a los sindicatos, organizaciones empresariales y a las organizaciones no gubernamentales que, sin ánimo de lucro, favorezcan su integración social, prestándoles ayuda en la medida de sus posibilidades.»

Brasil (100): De acuerdo con el Art. 4 de la Ley 13.445 de Migración, «al migrante se le garantiza en el territorio nacional, en condiciones de igualdad con los nacionales, la inviolabilidad del derecho a la vida, a la libertad, a la igualdad, a la seguridad y a la propiedad, así como se garantizan: (...) VII – derecho de asociación, incluida la sindical, para fines lícitos».

Paraguay (100): De acuerdo con el Párrafo 68 del Plan de Política Migratoria, «la Política Migratoria estimulará y fomentará la asociatividad de las personas radicadas en el país en calidad de inmigrantes (...) como toda iniciativa integradora de las asociaciones y grupos de inmigrantes, serán alentadas, apoyadas y divulgadas por la autoridad migratoria».

Uruguay (100): De acuerdo con el Art. 7 de la Ley 18.250 de Migración, Uruguay reconoce a los extranjeros migrantes «que ingresen y permanezcan en territorio nacional» el derecho a la igualdad en derechos y obligaciones con los nacionales. Por otra parte, el Art. 13 de dicha ley establece que el Estado implementará acciones para favorecer la integración sociocultural de las personas migrantes en el territorio nacional y su participación en las decisiones de la vida pública. Finalmente, la Constitución de la República en su Artículo 39 reconoce que todas las personas tienen el derecho de asociarse, cualquiera sea el objeto que persigan, siempre que no constituyan una asociación ilícita declarada por la ley.

2.2. Derecho de participación en partidos políticos

Argentina (50): Los migrantes pueden participar en partidos políticos pero no presentarse como candidatos a ciertos puestos de responsabilidad política que están limitados solo para aquellos que poseen nacionalidad argentina. Deben estar registrados en el padrón electoral.

Brasil (50): Los migrantes no pueden ejercer actividad política partidaria en Brasil (salvo los portugueses). Así se establece en el Art. 107 del Estatuto do Estrangeiro «O estrangeiro admitido no território nacional não pode exercer atividade político-partidária, sendo-lhe vedado organizar, criar ou manter associação ou quaisquer entidades de caráter político, salvo o português com o gozo dos direitos políticos no Brasil», presente en sus posteriores modificaciones.

Paraguay (50): Los migrantes pueden participar en partidos políticos pero no presentarse como candidatos a ciertos puestos de responsabilidad política que están limitados solo para aquellos que poseen nacionalidad paraguaya.

Uruguay (50): Los extranjeros pueden pertenecer a partidos políticos pero no pueden acceder a ciertas posiciones como Presidente o Vicepresidente de la República, según expone el Art. 151 de la Constitución uruguaya.

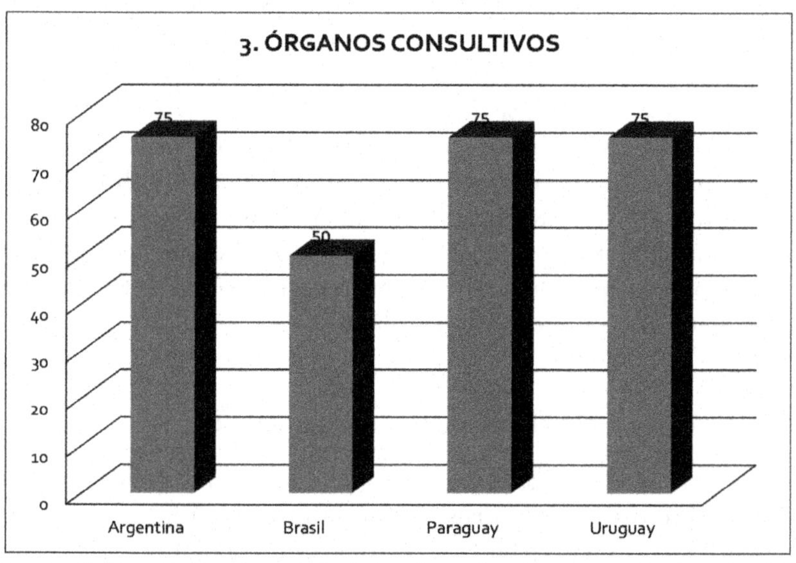

Fuente: Elaboración propia a través de los datos obtenidos en nuestra investigación utilizando la metodología MIPEX.

INDICADORES

3.1. Fortaleza de los órganos consultivos nacionales

A la espera de recibir datos por parte de los Estados.

Subindicador a): Consulta regular

Argentina (50): El Art. 11 de la Ley de Migraciones dispone que «la República Argentina facilitará, de conformidad con la legislación nacional y provincial en la materia, la consulta o participación de los extranjeros en las decisiones relativas a la vida pública y a la administración de las comunidades locales donde residan.»

Brasil (50): A nivel local existe el Consejo Municipal de Inmigrantes de Sao Paulo, cuyos objetivos son, de acuerdo con el Art. 3 de su Reglamento, participar en la formulación e implementación de la política municipal para inmigrantes de Sao Paulo; defender y promover los derechos de los inmigrantes; trabajar para la descentralización de las políticas públicas; fomentar el asociativismo y la participación política de las personas inmigrantes, entre otros.

Paraguay (0): No existen mecanismos especiales de consulta para migrantes a nivel nacional.

Uruguay (0): No existen mecanismos especiales de consulta para migrantes a nivel nacional.

Subindicador a): Composición de los órganos

Argentina: A la espera de recibir datos por parte del Estado.

Brasil (50): En cuanto a su composición (Art. 4 del Reglamento):

- 1 (un/a) representante de la Secretaría Municipal de Derechos Humanos y Ciudadanía-SMDHC, que responderá por la Secretaría Ejecutiva;
- 1 (un/a) representante de la Secretaría Municipal de Alcaldias Regionales –SMPR;
- 1 (un/a) representante de la Secretaría Municipal de Cultura –SMC;
- 1 (un/a) representante de la Secretaría Municipal de Desarrollo, Trabajo e Empreendorismo–SDTE

- 1 (un/a) representante de la Secretaría Municipal de Assistencia e Desarrollo social – SMADS;
- 1 (un/a) representante de la Secretaría Municipal de Educación –SME;
- 1 (un/a) representante de la Secretaría Municipal de Habitación –SEHAB
- 1 (un/a) representante de la Secretaría Municipal de Salud –SMS;
- 8 (ocho) representantes de la sociedad civil

Paraguay: A la espera de recibir datos por parte del Estado.

Uruguay: A la espera de recibir datos por parte del Estado.

Subindicador b): Liderazgo de los órganos

Argentina: A la espera de recibir datos por parte del Estado.

Brasil (0): Un/a) representante de la Secretaría Municipal de Derechos Humanos y Ciudadanía-SMDHC, que responderá por la Secretaría Ejecutiva.

Paraguay: A la espera de recibir datos por parte del Estado.

Uruguay: A la espera de recibir datos por parte del Estado.

Subindicador c): Poderes de los órganos

A la espera de recibir datos por parte de los Estados.

Subindicador d): Representatividad de los órganos

A la espera de recibir datos por parte de los Estados.

3.2. Fortaleza de los órganos consultivos regionales

A la espera de recibir datos por parte de los Estados.

Subindicador a): Consulta regular

Subindicador b): Composición de los órganos

Subindicador c): Liderazgo de los órganos

Subindicador d): Poderes de los órganos

Subindicador e): Representatividad de los órganos

3.3. Fortaleza de los órganos consultivos de las capitales

A la espera de recibir datos por parte de los Estados.

Subindicador a): Consulta regular

Subindicador b): Composición de los órganos

Subindicador c): Liderazgo de los órganos

Subindicador d): Poderes de los órganos

Subindicador e): Representatividad de los órganos

3.4. Fortaleza de otros órganos consultivos locales

A la espera de recibir datos por parte de los Estados.

Subindicador a): Consulta regular

Subindicador b): Composición de los órganos

Subindicador c): Liderazgo de los órganos

Subindicador d): Poderes de los órganos

Subindicador e): Representatividad de los órganos

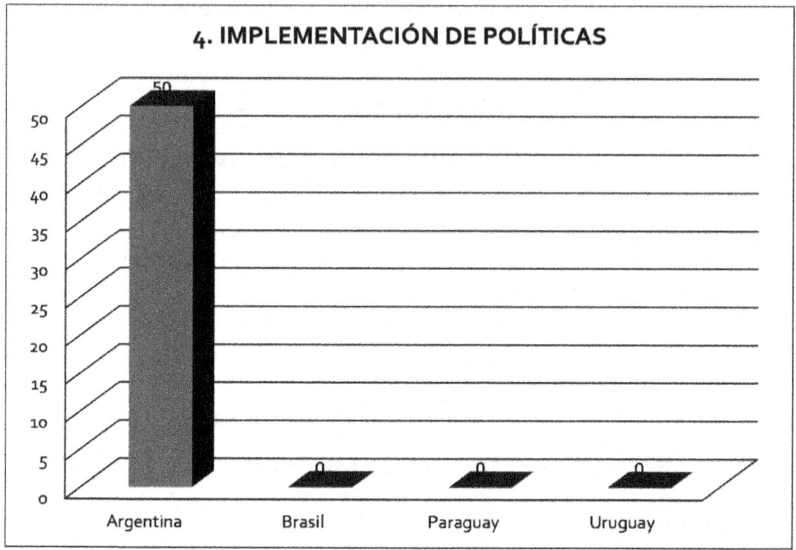

Fuente: Elaboración propia a través de los datos obtenidos en nuestra investigación utilizando la metodología MIPEX.

INDICADORES

4.1. Política informativa activa

Argentina (50): La Defensoría del Pueblo de CABA lanzó en 2014 y 2017 una campaña llamada «Voto de extranjeros» para promover el voto migrante e informarles de la importancia del ejercicio de sufragio.

Brasil (0): No existen medidas específicas creadas para informar a los migrantes acerca de sus derechos políticos.

Paraguay (0): No existen medidas específicas creadas para informar a los migrantes acerca de sus derechos políticos.

Uruguay (0): No existen medidas específicas creadas para informar a los migrantes acerca de sus derechos políticos.

4.2. Financiación o apoyo público a los órganos nacionales

Argentina (50): EL Art. 106 de la Ley de Migraciones establece que «los poderes públicos impulsarán el fortalecimiento del movimiento asociativo entre los inmigrantes y apoyarán a los sindicatos, organizaciones empresariales y a las organizaciones no gubernamentales que, sin ánimo de lucro, favorezcan su integración social, prestándoles ayuda en la medida de sus posibilidades».

Brasil: A la espera de recibir datos por parte del Estado.

Paraguay: A la espera de recibir datos por parte del Estado.

Uruguay: A la espera de recibir datos por parte del Estado.

4.2. Financiación o apoyo público a los órganos regionales

Argentina (50): El Art. 106 de la Ley de Migraciones establece que «los poderes públicos impulsarán el fortalecimiento del movimiento asociativo entre los inmigrantes y apoyarán a los sindicatos, organizaciones empresariales y a las organizaciones no gubernamentales que, sin ánimo de lucro, favorezcan su integración social, prestándoles ayuda en la medida de sus posibilidades».

Brasil: A la espera de recibir datos por parte del Estado.

Paraguay: A la espera de recibir datos por parte del Estado.

Uruguay: A la espera de recibir datos por parte del Estado.

4.3. Financiación o apoyo público a los órganos de las capitales

Argentina (50): El Art. 106 de la Ley de Migraciones establece que «los poderes públicos impulsarán el fortalecimiento del movimiento asociativo entre los inmigrantes y apoyarán a los sindicatos, organizaciones empresariales y a las organizaciones no gubernamentales que, sin ánimo de lucro, favorezcan su integración social, prestándoles ayuda en la medida de sus posibilidades».

Brasil: A la espera de recibir datos por parte del Estado.

Paraguay: A la espera de recibir datos por parte del Estado.

Uruguay: A la espera de recibir datos por parte del Estado.

4.3. Financiación o apoyo público a otros órganos locales

Argentina (50): El Art. 106 de la Ley de Migraciones establece que «los poderes públicos impulsarán el fortalecimiento del movimiento asociativo entre los inmigrantes y apoyarán a los sindicatos, organizaciones empresariales y a las organizaciones no gubernamentales que, sin ánimo de lucro, favorezcan su integración social, prestándoles ayuda en la medida de sus posibilidades».

Brasil: A la espera de recibir datos por parte del Estado.

Paraguay: A la espera de recibir datos por parte del Estado.

Uruguay: A la espera de recibir datos por parte del Estado.

6) RESIDENCIA PERMANENTE

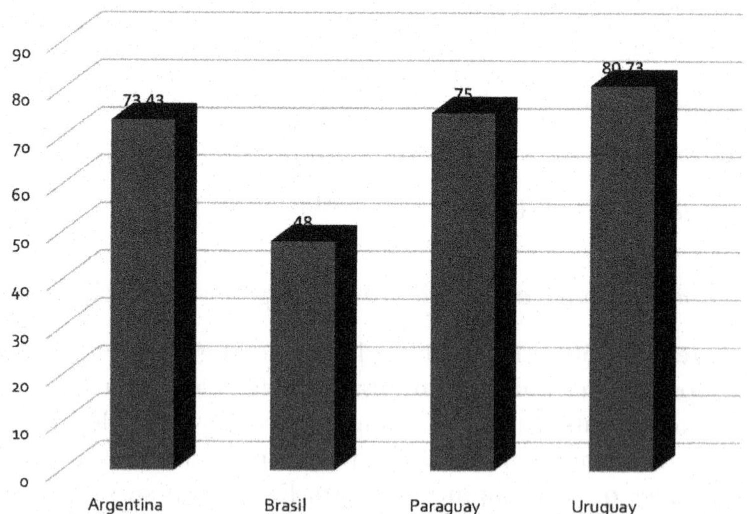

Fuente: Elaboración propia a través de los datos obtenidos en nuestra investigación utilizando la metodología MIPEX.

Uruguay se ubica en primera posición en este ranking con un puntaje de 80,73 sobre 100, acercándose a los parámetros ideales establecidos por los artífices de MIPEX. Las razones de este resultado son la agilidad con la que se puede realizar el proceso en este país y las condiciones ofrecidas a los migrantes para la seguridad del *status*. Con un puntaje de 75 sobre 100, Paraguay sería el país que ocuparía la segunda posición en esta área por la transparencia que muestra en el proceso de solicitud de esta figura y las ausencias permitidas hasta perder la condición de residente permanente.

Por su parte, Argentina se ubica cercano con una puntuación de 73,43 sobre 100 en el índice planteado por MIPEX por las facilidades que aporta su Dirección Nacional de Migraciones para la consecución de la categoría de residente permanente. No obstante, un punto importante a tener en cuenta son las diferencias que se establecen entre nacionales pertenecientes a países del Mercosur y aquellos que no forman parte de este bloque. Finalmente, Brasil es el último país de esta categoría por cuestiones como la necesidad periodos temporales más extensos para la consecución de esta figura o la restricción de los permisos considerados para poder acceder a la solicitud.

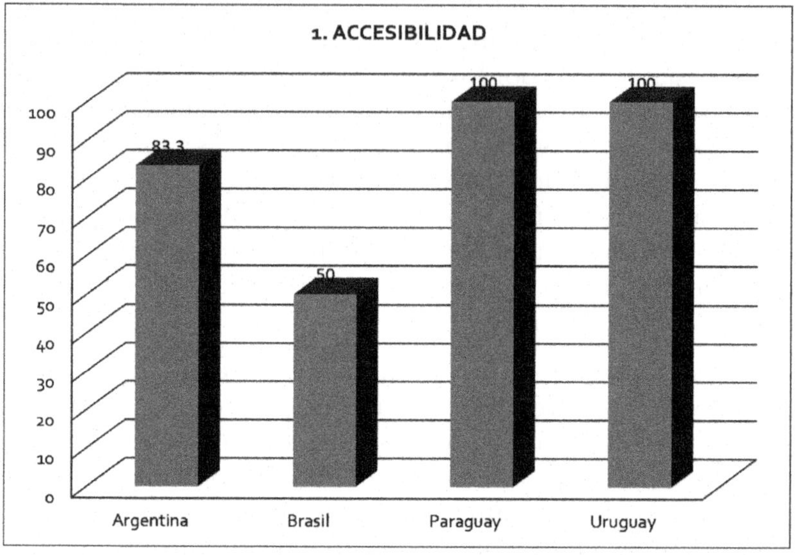

Fuente: Elaboración propia (2018) a través de los datos obtenidos en nuestra investigación utilizando la metodología MIPEX.

INDICADORES

1.1. Periodo de residencia

Argentina (100): Se requieren dos años de residencia ininterrumpida para nacionales de Mercosur y tres años para los extranjeros de fuera del bloque.

Brasil (100): No se establece un periodo determinado de residencia previa para obtener la residencia permanente.

Paraguay (100): Según la Dirección General de Migración, la Radicación Permanente es la autorización de residencia otorgada a ciudadanos extranjeros de cualquier nacionalidad que deseen establecerse en el territorio paraguayo en forma definitiva y con el propósito de realizar cualquier clase de actividad que las autoridades consideren útiles al desarrollo del país, de conformidad con lo establecido en la Ley de Migraciones y su reglamentación. Los solicitantes pueden aplicar directamente al cambio de categoría de No Residente a Residente Permanente mediante este tipo de radicación, sin necesidad de contar con una radicación previa en Paraguay.

Uruguay (100): No se establece un periodo previo de residencia ni para nacionales de Mercosur ni para el resto de solicitantes.

1.2. Permisos considerados

Argentina (50): Se precisa tener arraigo por haber gozado de la residencia temporaria.

Brasil (0): La concesión de permisos de residencia permanente en Brasil es muy restrictiva y, según el Consejo Nacional de Inmigración, se limitan a los siguientes casos: extranjero dependiente de un brasileño o de un extranjero permanente, profesores e investigadores de alto nivel, cónyuges o parejas de hecho de brasileño, padres de brasileño, nacionales argentinos y refugiados o asilados. Es decir, no cualquier permiso temporario sirve para solicitar esta figura.

Paraguay (100): Según la Dirección General de Migración, La Radicación Permanente es la autorización de residencia otorgada a ciudadanos extranjeros de cualquier nacionalidad que deseen establecerse en el territorio paraguayo en forma definitiva y con el propósito de realizar cualquier clase de actividad que las autoridades consideren útiles al desarrollo del país, de conformidad con lo establecido en la Ley de Migraciones y su reglamentación. Los solicitantes pueden aplicar directamente al cambio de categoría de No Residente a Residente Permanente mediante este tipo de radicación, sin necesidad de contar con una radicación previa en Paraguay.

Uruguay (100): No se establece que se tenga que presentar ningún documento explícito de residencia ni para nacionales de Mercosur ni para el resto de solicitantes.

1.3. ¿Cuentan las estancias estudiantiles como periodo de residencia previa?

Argentina (100): Las estancias estudiantiles se acumulan para solicitar el permiso de residencia.

Brasil (0): Solo se habla de la transformación de visados temporales en permanentes para aquellos concedidos a científicos, profesores, técnicos o profesionales con contrato o al servicio de la administración pública, o a miembros de congregaciones religiosas; y a los de visados diplomático u oficial (todos ellos competencia del Departamento Federal de Justicia).

Paraguay (100): Las estancias estudiantiles se acumulan para solicitar el permiso de residencia. Uno de los requisitos para la obtención de la residencia permanente es un Certificado de Vida y Residencia.

Uruguay (100): Las estancias estudiantiles se acumulan para solicitar el permiso de residencia.

1.4. Periodos de ausencia permitidos previos a la solicitud de residencia permanente

Argentina (100): Se requieren dos años de residencia ininterrumpida para nacionales de Mercosur y tres años para los extranjeros de fuera del bloque. La ley de Migraciones establece (2) años continuos o más, si fuere nacional de los países del MERCADO COMÚN DEL SUR (MERCOSUR) o Estados Asociados; y TRES (3) años continuos o más, en los demás caso, entendiéndose que no se admiten ausencias.

Brasil (100): El art. 27 § 1o del Reglamento de la Ley 6.815 (Decreto 86.715/1981) establece que el visado permanente sólo se podrá obtener, salvo casos de fuerza mayor, en la jurisdicción consular en la que se haya mantenido la residencia por el plazo mínimo de un año inmediatamente anterior a la solicitud. Por otra parte, el Art. 71 del Reglamento, referido a las transformaciones de visados, señala que la salida del extranjero del territorio nacional por un plazo no superior a 90 días no perjudicará la solicitud de permanencia.

Paraguay (100): Uno de los requisitos para la residencia es la prueba de «Constancia de su ingreso y permanencia en el país (...)» pero no se establece un periodo determinado.

Uruguay (100): No se establece un periodo determinado. Existen ciertas categorías (empleado de persona jurídica y empleado de persona física) por las que se tiene que aportar prueba de las tres últimas nóminas recibidas, por lo que es un requisito indirecto de residencia previo.

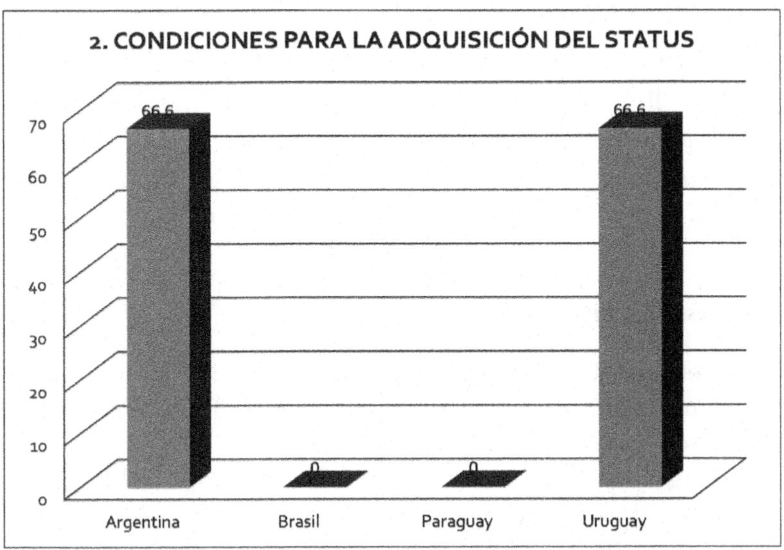

Fuente: Elaboración propia a través de los datos obtenidos en nuestra investigación utilizando la metodología MIPEX.

2.1. Requisitos idiomáticos

Argentina (100): De acuerdo con la Ley 25.871, entre los requisitos para obtener la residencia permanente en el país se debe presentar la siguiente información (no se encuentra entre los requisitos el idiomático) Además, tampoco se encuentra recogido entre los requisitos específicos.

Brasil: A la espera de respuesta por parte del Estado.

Paraguay: A la espera de respuesta por parte del Estado.

Uruguay (100): No se especifica nada del idioma en la legislación. De hecho, se dice que el inmigrante no habla el idioma, habrá de concurrir con intérprete.

2.2. Requisitos económicos

Argentina (100): No se especifica entre los requisitos.

Brasil (100): No se establece entre los requisitos.

Paraguay (100): Se debe presentar un documento de solvencia económica.

Uruguay (100): Deberá acreditar la percepción de un ingreso mensual nominal (con una antigüedad mínima de tres meses), el cual deberá ser suficiente para su manutención.

2.3. Coste del proceso

Argentina (0): La Dirección Nacional de Migraciones impone una tarifa de 6.000 pesos argentinos por los trámites y 100 pesos por el DNI para los extranjeros no Mercosur y 6.000 pesos argentinos por los trámites y 100 pesos por el DNI para residentes del bloque.

Brasil (0): Según establece el Decreto 9.199, el precio de solicitud de residencia permanente asciende a R$ 168,13. La emisión de la cédula de identidad de inmigrante es de R$ 204,77.

Paraguay (0): La Dirección General de Migraciones establece las siguientes tarifas:

- Mercosur: Carnet de Admisión Permanente + Cambio de Categoría: Gs. 1.408.380.
- No Mercosur: Carnet de Admisión Permanente + Cambio de Categoría: Gs. 1.408.380

Uruguay (0): El costo del trámite de residencia es de 2,10 UR y el del certificado migratorio para la obtención de cédula de identidad es de 0,21 UR. Deberá ser abonado en pesos uruguayos. El valor de la Unidad Reajustable (U.R) varía mensualmente.

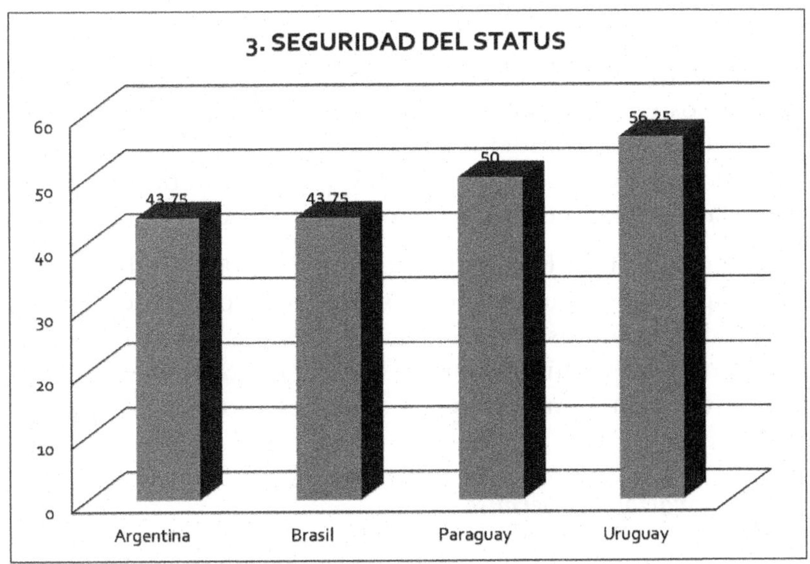

Fuente: Elaboración propia a través de los datos obtenidos en nuestra investigación utilizando la metodología MIPEX.

3.1. Duración máxima del proceso

Argentina (0): No se establece ninguna duración máxima del procedimiento de solicitud de residencia permanente.

Brasil (50): Entre 30 y 270 días.

Paraguay (0): No se establece ninguna duración máxima del procedimiento de solicitud de residencia permanente

Uruguay (0): No se establece ninguna duración máxima del procedimiento de solicitud de residencia permanente

3.2. Validez del permiso

Argentina (100): El permiso de residencia permanente tiene una duración de 15 años.

Brasil (100): Se tiene por indefinida, puesto que no se establece lo contrario.

Paraguay (100): El Art. 31 de la Ley de Migraciones establece que los extranjeros admitidos como residentes permanentes podrán residir indefinidamente en el país, a menos que incurran en algunas de las causales que puedan dar lugar a la cancelación de la permanencia o a la expulsión.

Uruguay (100): El Art. 10 Decreto 394/009 establece que el tiempo de permanencia de los residentes permanentes será indefinido mientras no se desnaturalicen las condiciones por las que fueron admitidos en esa calidad o cuando se ausenten del país por un tiempo superior a los tres años.

3.3. Renovación del permiso

Argentina (100): Transcurrido este tiempo debe solicitarse la renovación del permiso pero no es necesario volver a pasar los trámites.

Brasil (50): De acuerdo con el art. 69 del Reglamento de la Ley 6.815, se pueden transformar los permisos de los apartados V) (científico, profesor o profesional de otra categoría, con contrato o al servicio del gobierno brasileño) y VII) (un ministro de confesión religiosa o miembro de un instituto de vida consagrada o de una congregación u orden religiosas) del Art. 22. De acuerdo con el Art. 70, también los visados diplomáticos (competencia del Departamento Federal de Justicia). De acuerdo con el Art. 7 de la Ley 11.961, también los extranjeros que hubieren obtenido el permiso de residencia provisional por situación irregular podrán pedir su transformación en permanente, si certifican el ejercicio de una profesión o suficientes medios para mantenerse a sí mismo y su familia, la inexistencia antecedentes penales en Brasil o en el extranjero, y no haberse ausentado del territorio nacional durante más de 90 días consecutivos durante el periodo de residencia provisional.

Paraguay (100): Al ser un permiso indefinido se entiende que no necesita renovarse.

Uruguay (100): Transcurrido este tiempo debe solicitarse la renovación del permiso pero no es necesario volver a pasar los trámites.

3.4. Periodos de ausencia permitidos

Argentina (50): Menos de dos años o la mitad del periodo acordado (Art. 62 Ley de Migraciones)

Brasil (0): De acuerdo con el Art. 71 del Reglamento de la Ley 6.815, para el cambio de visado se permite salir del país por un plazo no superior a 90 días. El Art. 90 del Reglamento determina que el extranjero con residencia permanente se puede ausentar de Brasil dos años. Sin embargo, la re entrada en el país dependerá de la concesión de un nuevo visado.

Paraguay (100): El Art. 24 de la Ley de Migraciones establece que los extranjeros admitidos como residentes permanentes perderán esta calidad si se ausentasen injustificadamente de la República por mas de tres años.

Uruguay (100): La sección c) del Art. 47 de la Ley de Migraciones indica que se retirará el permiso de residencia permanente si se permanece fuera del país por un periodo superior a tres años.

3.5. Causas para rechazar o denegar el permiso

Argentina (0): El Art 62 Ley de Migraciones señala lo siguiente: «La Dirección Nacional de Migraciones, sin perjuicio de las acciones judiciales que correspondieran deducir, cancelará la residencia que hubiese otorgado, con efecto suspensivo, cualquiera fuese su antigüedad, categoría o causa de la admisión y dispondrá la posterior expulsión, cuando:

a) Con la finalidad de obtener un beneficio migratorio o la ciudadanía argentina se hubiese articulado un hecho o un acto simu58 lado o éste hubiese sido celebrado en fraude a la ley o con vicio del consentimiento o se hubiere presentado documentación material o ideológicamente falsa o adulterada;

b) El residente hubiese sido condenado judicialmente en la República por delito doloso que merezca pena privativa de libertad mayor de cinco (5) años o registrase una conducta reiterante en la comisión de delitos. En el primer supuesto cumplida la condena, deberá transcurrir un plazo de dos (2) años para que se dicte la resolución definitiva de cancelación de residencia, la que se fundamentará en la posible incursión por parte del extranjero en los impedimentos previstos en el artículo 29 de la presente ley. En caso de silencio de la Administración, durante los treinta (30) días posteriores al vencimiento de dicho plazo, se considerará que la residencia queda firme;

c) El beneficiario de una radicación permanente hubiese permanecido fuera del Territorio Nacional por un período superior a los dos (2) años o la mitad del plazo acordado, si se tratara de residencia temporaria, excepto que la ausencia obedeciere al ejercicio de una función pública argentina o se hubiese generado en razón de actividades, estudios o investigaciones que a juicio de la Dirección Nacional de Migraciones pudieran ser de interés o beneficiosa para la República Argentina o que mediara autorización expresa de la autoridad migratoria la que podrá ser solicitada por intermedio de las autoridades consulares argentinas;

d) Asimismo será cancelada la residencia permanente, temporaria o transitoria concedida cuando se hayan desnaturalizado las razones que motivaron su concesión o cuando la instalación en el país hubiera sido subvencionada total o parcialmente, directa o indirectamente por el Estado Argentino y no se cumplieran o se violaren las condiciones expresamente establecidas para la subvención;

e) El Ministerio del Interior podrá disponer la cancelación de la residencia permanente o temporaria y la expulsión de la República de todo extranjero, cualquiera sea la situación de residencia, cuando realizare en el país o en el exterior, cualquiera de las actividades previstas en los incisos d) y e) del artículo 29 de la presente.»

Brasil (50): El Art. 51 de la Ley 6.815 determina que «el extranjero registrado como permanente que se ausente de Brasil podrá volver independientemente del visado si lo hace dentro de dos años». El Art. 18 de la Ley 6.815 y el Art. 28 de su Reglamento determinan que la concesión del permiso permanente podrá quedar condicionada, por un plazo no superior a 5 años, al ejercicio de una actividad cierta. De acuerdo con el Art. 8 de la Ley 11.961, la residencia permanente será declarada nula en cualquier momento si se verifica alguna falsedad en la información prestada por el extranjero.

Paraguay (0): El Art. 34 Ley de Migraciones establece lo siguiente: «La justicia Ordinaria, en sentencia judicial, cancelará la residencia permanente de los extranjeros y los conminará a que abandonen el país, en los siguientes caso:

1) Dentro de los tres años desde su ingreso al país o del otorgamiento de la autorización como residente permanente en calidad de inmigrante asistido, si no cumplieron o violaron las condiciones tenidas en cuenta por a autoridad migratoria para concederle los beneficios de la inmigración asistida;

2) Dentro de los tres años de su ingreso al país o del otorgamiento de residencia permanente, si la autorización estuviera subordinada a residir en determinada zona del país o cumplir actividades específicas y el extranjero no diere cumplimiento a ellas;

3) Dentro de los tres años de su ingreso al país o del otorgamiento de la autorización como residente permanente en las sub-categorías de inmigrantes con capital o inversionistas, si no dieran cumplimiento a las obligaciones asumidas o a las condiciones establecidas;

4) Cuando los residentes permanentes en las sub-categorías de rentistas o pensionados, por razones no justificables, dejaren de ingresar al país la renta o pensión correspondiente;

5) Cuando injustificadamente permanecieran fuera del territorio nacional por un lapso superior a tres años, salvo la prórroga prevista en el Artículo 24; y,

6) Cuando no cumplan las disposiciones de la presente Ley.»

Uruguay (0): El Art. 47 de la Ley de Migraciones establece todos los supuestos en los que se puede retirar la residencia permanente:

a) La persona extranjera que mediante hechos o actos simulados o fraudulentos hubiere logrado obtener la categoría migratoria pertinente.

b) La persona extranjera que en el territorio nacional cometiere delito de carácter doloso y fuera condenado con pena de penitenciaría o registrase una conducta reiterante en la comisión de delitos, excepto los refugiados.

c) La persona con residencia permanente que se ausentare del país por un plazo superior a tres años.

d) La persona con residencia permanente o temporaria que haya ingresado al país a través de un programa subvencionado por el Estado uruguayo o haya sido exonerado del pago de impuestos, tasas o contribuciones y no cumpliere con las condiciones que dieron origen a la subvención o exoneración.

e) La persona con residencia permanente o temporaria que realizare alguna de las conductas previstas en los literales B) y D) del artículo 45 de la presente ley.

f) La persona con residencia que cometiere en el país o fuera de él actos de terrorismo o cualquier acto violatorio de los derechos humanos establecido como tal en los instrumentos internacionales ratificados por el país.

3.6. Consideración de circunstancias personales

Argentina (0): En la legislación no se especifica que se tengan en cuenta condiciones personales antes de retirar el permiso.

Brasil (0): En la legislación no se especifica que se tengan en cuenta condiciones personales antes de retirar el permiso.

Paraguay (0): En la legislación no se especifica que se tengan en cuenta condiciones personales antes de retirar el permiso.

Uruguay (50): El Art. 48 de la ley de Migraciones indica que la cancelación de la residencia permanente o temporaria no se efectivizará en los casos en que la persona extranjera fuera madre, padre, cónyuge o concubino del nacional.

3.7. Proscripción de la expulsión

Argentina (0): Este supuesto no está incluido en la legislación.

Brasil (0): Este supuesto no está incluido en la legislación.

Paraguay (0): Este supuesto no está incluido en la legislación.

Uruguay (50): El Art. 48 de la ley de Migraciones indica que la cancelación de la residencia permanente o temporaria no se efectivizará en los casos en que la persona extranjera fuera madre, padre, cónyuge o concubino del nacional.

3.8. Protección legal

Argentina (100): Los Art. 74-89 de la Ley de Migraciones establecen la posibilidad del migrante de utilizar el recurso de reconsideración y de recurrir a la vía judicial si se ha agotado previamente la vía administrativa para recurrir a decisiones de denegación de la admisión o retira de la residencia (recurso de reconsideración, jerárquico o alzada) Además, el Art. 86 del Dec. n° 9.199 establece que « Los extranjeros que se encuentren en territorio nacional y que carezcan de medios económicos, tendrán derecho a asistencia jurídica gratuita en aquellos procedimientos administrativos y judiciales que puedan llevar a la denegación de su entrada, al retorno a su país de origen o a la expulsión del territorio argentino. Además tendrán derecho a la asistencia de intérprete/s si no comprenden o hablan el idioma oficial. »

Brasil (100): El Art. 134 del Dec. nº 9.199 que regula la Ley de Migración establece la posibilidad de interponer un recurso ante la denegación de la residencia e iniciar la vía administrativa en un plazo de diez días.

Paraguay (100): El migrante puede interponer recurso jerárquico en un plazo de tres días que el Ministerio del Interior resolverá en un plazo de ocho días (Art. 116-117 Ley de Migraciones).

Uruguay (100): El Art. 53 de la Ley de Migraciones establece que «las resoluciones administrativas que disponen la expulsión de las personas extranjeras serán pasibles de impugnación por el régimen de recursos previsto en el Art. 317 de la Constitución de la República, demás disposiciones legales y concordantes y tendrán efecto suspensivo.»

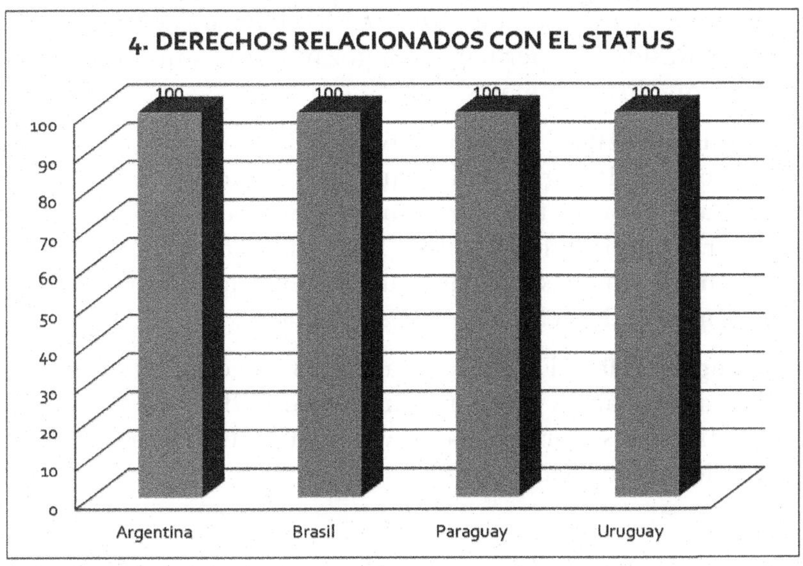

Fuente: Elaboración propia a través de los datos obtenidos en nuestra investigación utilizando la metodología MIPEX.

INDICADORES

4.1. Acceso al empleo

Argentina (100): En su Art. 6, la Ley 25.871 establece lo siguiente: «El Estado en todas sus jurisdicciones, asegurará el acceso igualitario a los inmigrantes y sus familias en las mismas condiciones de protección, amparo y derechos de los que gozan los nacionales, en particular lo referido a servicios sociales, bienes públicos, salud, educación, justicia, trabajo, empleo y seguridad social.» Es decir, los residentes permanentes gozan del mismo acceso al empleo que los nacionales argentinos.

Brasil (100): El Art. 3 de la Ley 13.445 establece el «acesso igualitário e livre do migrante a serviços, programas e benefícios sociais, bens públicos, educação, assistência jurídica integral pública, trabalho, moradia, serviço bancário e seguridade social». Residentes permanentes gozan del mismo derecho al trabajo que los nacionales.

Paraguay (100): El Párrafo 62 del documento de Política Migratoria de Paraguay indica que «se reconoce a las personas inmigrantes y a sus familiares que ingresan al país para residir temporal o permanentemente, los mismos derechos y garantías constitucionales y legales que asisten a los connacionales, entre otros el derecho a un trabajo digno».

Uruguay (100): El Art. 8 de la Ley 18.250 establece que «las personas migrantes y sus familiares gozarán de los derechos de salud, trabajo, seguridad social, vivienda y educación en pie de igualdad con los nacionales.»

4.2. Acceso a la seguridad social

Argentina (100): En su Art. 6, la Ley 25.871 establece lo siguiente: «El Estado en todas sus jurisdicciones, asegurará el acceso igualitario a los inmigrantes y sus familias en las mismas condiciones de protección, amparo y derechos de los que gozan los nacionales, en particular lo referido a servicios sociales, bienes públicos, salud, educación, justicia, trabajo, empleo y seguridad social.»

Brasil (100): El Art. 3 de la Ley 13.445 establece el «acesso igualitário e livre do migrante a serviços, programas e benefícios sociais, bens públicos, educação, assistência jurídica integral pública, trabalho, moradia, serviço bancário e seguridade social».

Paraguay (100): El Párrafo 62 del documento de Política Migratoria de Paraguay indica que «se reconoce a las personas inmigrantes y a sus familiares que ingresan al país para residir temporal o permanentemente, los mismos derechos y garantías constitucionales y legales que asisten a los connacionales, entre otros el derecho a un trabajo digno, al seguro social, la educación y la salud, la reunificación familiar, el envío o recepción de remesas de dinero para apoyo a su familia y el acceso a la justicia y al debido proceso, en el marco de las leyes correspondientes»

Uruguay (100): El Art. 8 de la Ley 18.250 establece que «las personas migrantes y sus familiares gozarán de los derechos de salud, trabajo, seguridad social, vivienda y educación en pie de igualdad con los nacionales.»

4.3. Acceso a la vivienda

Argentina (100): En su Art. 6, la Ley 25.871 establece lo siguiente: «El Estado en todas sus jurisdicciones, asegurará el acceso igualitario a los inmigrantes y sus familias en las mismas condiciones de protección, amparo y derechos de los que gozan los nacionales, en particular lo referido a servicios sociales, bienes públicos, salud, educación, justicia, trabajo, empleo y seguridad social.»

Brasil (100): El Art. 3 de la Ley 13.445 establece el «acesso igualitário e livre do migrante a serviços, programas e benefícios sociais, bens públicos, educação, assistência jurídica integral pública, trabalho, moradia, serviço bancário e seguridade social».

Paraguay (100): El Párrafo 62 del documento de Política Migratoria de Paraguay indica que «se reconoce a las personas inmigrantes y a sus familiares que ingresan al país para residir temporal o permanentemente, los mismos derechos y garantías constitucionales y legales que asisten a los connacionales, entre otros el derecho a un trabajo digno, al seguro social, la educación y la salud, la reunificación familiar, el envío o recepción de remesas de dinero para apoyo a su familia y el acceso a la justicia y al debido proceso, en el marco de las leyes correspondientes».

Uruguay (100): El Art. 8 de la Ley 18.250 establece que «las personas migrantes y sus familiares gozarán de los derechos de salud, trabajo, seguridad social, vivienda y educación en pie de igualdad con los nacionales».

7) ACCESO A LA NACIONALIDAD

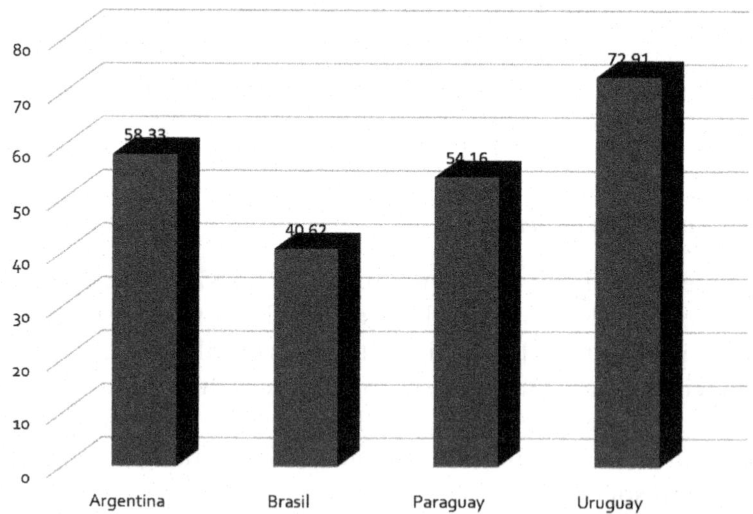

Fuente: Elaboración propia a través de los datos obtenidos en nuestra investigación utilizando la metodología MIPEX.

Uruguay es el país que lidera una vez más este ranking con una puntuación de 72,91 sobre 100 en el índice MIPEX. Sin embargo, es necesario puntualizar que el concepto considerado para realizar el presente análisis es el de ciudadanía permanente y no el de nacionalidad *per se.* La legislación uruguaya distingue entre nacionalidad y ciudadanía. A efectos de llevar adelante una estrategia comparada según lo previsto por MIPEX, se tomará en cuenta la reglamentación existente para la segunda de estas figuras jurídicas. En este sentido, Uruguay es el país originario de Mercosur que mayores garantías ofrece para la consecución de esta figura.

Argentina y Paraguay se encuentran cercanos en calificación en esta categoría, con puntajes de 58,33 y 54,16 respectivamente. Brasil es el único país que no alcanza el 50 % en los valores para nacionalidad puesto que presenta políticas más restrictivas para la consecución de la misma, como la cantidad necesaria de años de residencia ininterrumpida.

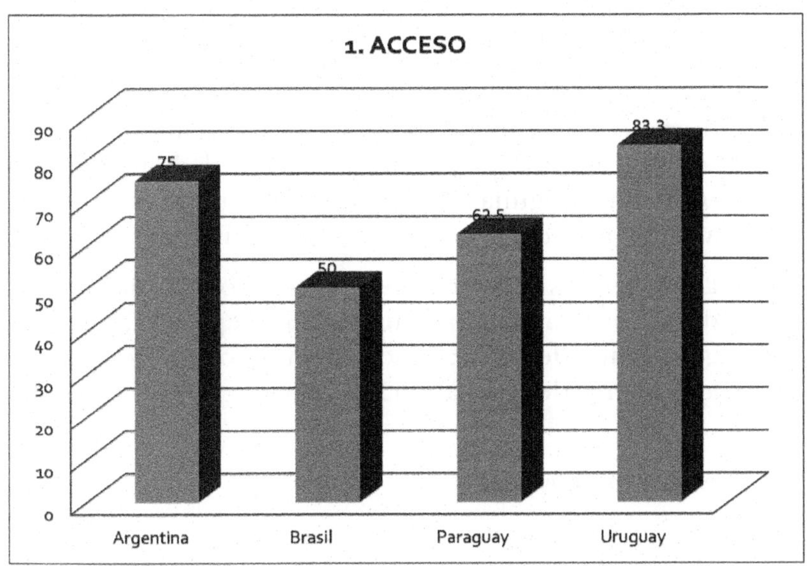

Fuente: Elaboración propia a través de los datos obtenidos en nuestra investigación utilizando la metodología MIPEX.

INDICADORES

1.1. Periodo de residencia

Argentina (100): Se necesitan dos años de residencia ininterrumpida y documentada en el país, certificado por la Dirección Nacional de Migraciones (excepto si contrajo matrimonio con un ciudadano argentino nativo y/o tiene un hijo nativo).

Brasil (100): Según el Art. 12 de la Constitución brasileña, para poder adquirir la nacionalidad brasileña se exigen 15 años de residencia ininterrumpida. La excepción también explícita en este artículo son los nacionales de países de lengua portuguesa, a los que solo se les exige un año.

Paraguay (100): El Art. 148 de la Constitución del Paraguay impone entre los requisitos para obtener la nacionalidad la radicación mínima de tres años en territorio nacional.

Uruguay (100): El Art. 75 de la Constitución uruguaya establece que tienen derecho a la ciudadanía legal:

a) Los hombres y las mujeres extranjeros de buena conducta, con familia constituida en la República, que poseyendo algún capital en giro o propiedad en el país, o profesando alguna ciencia, arte o industria, tengan tres años de residencia habitual en la República.

b) Los hombres y las mujeres extranjeros de buena conducta, sin familia constituida en la República, que tengan alguna de las cualidades del inciso anterior y cinco años de residencia habitual en el país.

1.2. Permisos considerados

Argentina (100): Entre los requisitos especificados no se incluye.

Brasil (50): Según el Art. 12 de la Constitución brasileña, para poder adquirir la nacionalidad brasileña se exigen 15 años de residencia ininterrumpida. La excepción también explícita en este artículo son los nacionales de países de lengua portuguesa, a los que solo se les exige un año. Si se posee la residencia permanente los años requeridos se reducen a cuatro (Art. 65 de la Ley de Migraciones)

Paraguay (100): Entre la documentación que exige la Acordada N° 464/2007 aparece el certificado de residencia expedido por la Dirección de Migraciones pero no se especifica si este debe ser permanente.

Uruguay (100): La legislación uruguaya no indica que se deba poseer un permiso de residencia determinado para solicitar la ciudadanía legal, habla de «residencia habitual». El Art. 75 de la Constitución indica que tienen derecho a la ciudadanía legal:

a) Los hombres y las mujeres extranjeros de buena conducta, con familia constituida en la República, que poseyendo algún capital en giro o propiedad en el país, o profesando alguna ciencia, arte o industria, tengan tres años de residencia habitual en la República.

b) Los hombres y las mujeres extranjeros de buena conducta, sin familia constituida en la República, que tengan alguna de las cualidades del inciso anterior y cinco años de residencia habitual en el país.

1.3. Periodos de ausencia permitidos previos a la adquisición de la nacionalidad

Argentina (0): Se requieren dos años de residencia ininterrumpida para poder optar a la nacionalidad argentina, según indica la Dirección Nacional de Migraciones. Es decir, no se permiten ausencias.

Brasil (0): Para obtener la nacionalidad brasileña por naturalización se necesita tener cuatro años de residencia ininterrumpida, según se establece en el Art. 223 del Decreto 9.199 que reglamenta la Ley de Migraciones. Es decir, no se permiten ausencias.

Paraguay (50): Paraguay permite ausentarse por un mínimo de tres meses por cada uno de los tres años de residencia requeridos para adquirir la nacionalidad paraguaya (Sección c) del Art. 42 de la Acordada 464/2007).

Uruguay (100): La legislación uruguaya no especifica ningún periodo de ausencia máximo requerido para solicitar la nacionalidad. La Constitución en su Art. 75 hace mención a «residencia habitual», cuya prolongación varía dependiendo de si se tiene o no familia constituida en territorio oriental año.

1.4. Requisitos para cónyuges y parejas

Argentina: 50

Brasil: 0

Paraguay: 25

Uruguay: 0

Subindicador: Cónyuges de nacionales

Argentina (100): El Art. 2 de la Ley 346 (Ley de Ciudadanía) establece que es ciudadano por naturalización quien se haya casado con un argentino en cualquiera de las Provincias.

Brasil (0): «Não se revela possível, em nosso sistema jurídico-constitucional, a aquisição da nacionalidade brasileira jure matrimonii, vale dizer, como efeito direto e imediato resultante do casamento civil.» (Ext. 1.121, rel. min. Celso de Mello, julgamento em 18-12-2009, Plenário, DJE de 25-6-2010).

Paraguay (50): La Ley n° 2193/2003 autoriza a la Policía Nacional a expedir cédula de identidad a los extranjeros cónyuges de paraguayos y a los extranjeros hijos de padre o madre paraguayos.

Uruguay (0): El Art. 74 de la Constitución establece que son ciudadanos naturales son todos los hombres y mujeres nacidos en cualquier punto del territorio de la República. Son también ciudadanos naturales los hijos de padre o madre orientales, cualquiera haya sido el lugar de su nacimiento, por el hecho de avecinarse en el país e inscribirse en el Registro Cívico. Es decir, no concibe criterios de *ius matrimoni*.

Subindicador: Parejas de nacionales

Argentina (0): No se contempla la figura de la pareja, solo del cónyuge. Se adaptan a los estándares generales.

Brasil (0): Al igual que no se reconoce el *ius sanguinis* y no existen beneficios para los esposos tampoco los hay para las parejas

Paraguay (0): Para aplicarse la Ley 2193 se necesita ser cónyuge de paraguayo.

Uruguay (0): El Art 74 de la Constitución establece que son ciudadanos naturales son todos los hombres y mujeres nacidos en cualquier punto del territorio de la República. Son también ciudadanos naturales los hijos de padre o madre orientales, cualquiera haya sido el lugar de su nacimiento, por el hecho de avecinarse en el país e inscribirse en el Registro Cívico, pero no menciona la figura del concubino para este supuesto.

1.5. Nacionalidad por nacimiento para segundas generaciones

Argentina (100): El Art. 1 de la Ley de ciudadanía establece que son argentinos todos los individuos nacidos, o que nazcan en el territorio de la República Argentina, sea cual fuere la nacionalidad de sus padres, con excepción de los hijos de Ministros extranjeros y miembros de la Legación residentes en la República.

Brasil (100): El Art. 12 de la Constitución brasileña establece que que son brasileños «os nascidos na República Federativa do Brasil, ainda que de pais estrangeiros, desde que estes não estejam a serviço de seu país;»

Paraguay (50): El Art. 146 de la Constitución paraguaya establece que son de nacionalidad paraguaya natural las personas nacidas en el territorio de la República.

Uruguay (100): El Art. 1 de la Ley de Ciudadanía (Ley 16.021) establece que «tienen la calidad de nacionales de la República Oriental del Uruguay los hombres y mujeres nacidos en cualquier punto del territorio de la República».

1.6. Nacionalidad por nacimiento para terceras generaciones

Argentina (100): El Art. 1 de la Ley de ciudadanía establece que son argentinos todos los individuos nacidos, ó que nazcan en el territorio de la República Argentina, sea cual fuere la nacionalidad de sus padres, con excepción de los hijos de Ministros extranjeros y miembros de la Legación residentes en la República.

Brasil (100): El Art. 12 de la Constitución brasileña establece que que son brasileños «os nascidos na República Federativa do Brasil, ainda que de pais estrangeiros, desde que estes não estejam a serviço de seu país;»

Paraguay (50): El Art. 146 de la Constitución paraguaya establece que son de nacionalidad paraguaya natural las personas nacidas en el territorio de la República.

Uruguay (100): El Art. 1 de la Ley de Ciudadanía (Ley 16.021) establece que «tienen la calidad de nacionales de la República Oriental del Uruguay los hombres y mujeres nacidos en cualquier punto del territorio de la República.»

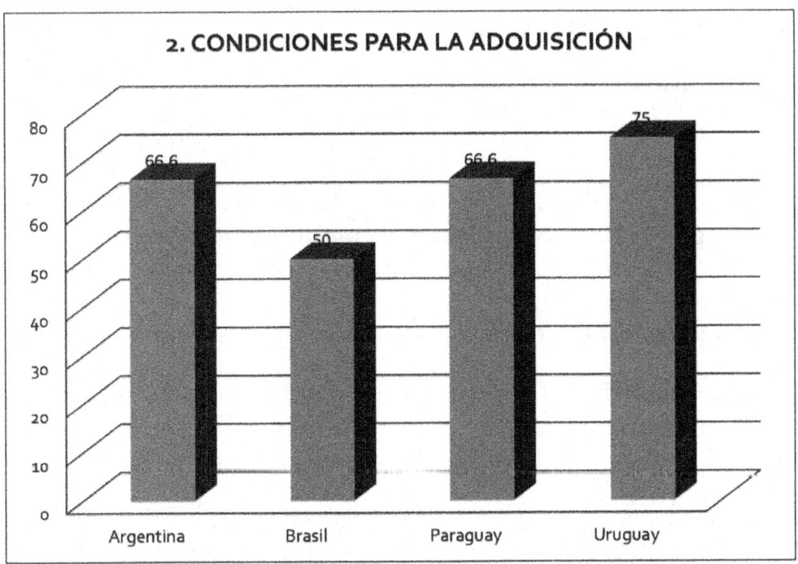

Fuente: Elaboración propia a través de los datos obtenidos en nuestra investigación utilizando la metodología MIPEX.

2.1. Requisitos idiomáticos

Argentina (50): Se recoge como requisito en la sección e) del Art. 5 de la Ley 21.795: «saber leer, escribir y expresarse en forma inteligible en el idioma nacional».

Brasil (50): Se encuentra recogido en el apartado IV) del Art. 112 de la Ley 6.815: «Leer y escribir en la lengua portuguesa, considerado como condición para la naturalización».

Paraguay (100): No se establece ningún requisito al respecto dentro de los contenidos establecidos en el Art. 148 de la Constitución.

Uruguay (100): No se encuentra entre los requisitos para la obtención de la ciudadanía legal.

2.2. Requisitos de integración

Argentina (100): No aparece recogido como requisito.

Brasil (100): No aparece recogido como requisito.

Paraguay (100): No aparece recogido como requisito.

Uruguay (100): No aparece recogido como requisito.

2.3. Medios económicos

Argentina (50): Se debe alegar justificación de medios de vida: contrato de trabajo, certificado de trabajo actual o recibo de sueldo. En caso de ser autónomo, fotocopia de comprobante de aportes.

Brasil (50): Se debe alegar una justificación de medios de vida.

Paraguay (50): La Acordada 464/2007 establece la siguiente documentación:

a) En la hipótesis de que la profesión no exigiere título habilitante, se acompañarán los certificados de trabajo expedidos por empleadores que indiquen su número de Registro en el Instituto de Previsión Social, número de Registro Único de Contribuyentes, o el del Registro de Empleadores del Ministerio de Justicia y Trabajo;

b) En el caso de tratarse de una persona que ejerce una actividad industrial o comercial de manera independiente, acompañará el correspondiente Certificado de Patente y el carné en que conste su inscripción en el Registro Único de Contribuyentes. Además indicará el nombre de dos o más empresas que puedan brindar referencia sobre su conducta comercial. Igualmente acompañará fotocopia de sus títulos de propiedad, registros de las marcas de fábrica o de comercio que utilice, patentes de propiedad industrial y licencias para su utilización en caso de tratarse marcas o patentes extranjeras;

c) Tratándose de estudiantes, indicarán los estudios cursados tanto en el extranjero como en el país acompañando los pertinentes certificados de estudio que lo acrediten en tal condición.

d) En general, toda documentación que acredite el ejercicio de alguna profesión, oficio, ciencia, arte o industria que indique tratarse de una persona que reportará algún aporte positivo para la sociedad paraguaya.

Uruguay (50): Deberá acreditarse la percepción de un ingreso mensual nominal (con una antigüedad mínima de tres meses), el cual deberá ser suficiente para su manutención.

2.4. Antecedentes penales

Argentina (50): Se precisa un certificado de antecedentes pero no se especifica de qué índole deben ser los delitos.

Brasil (0): Se exige en el apartado VII del mismo art. 112 de la Ley 6.815 «la inexistencia de denuncia, pronunciamiento o condena en Brasil o el exterior por crimen doloso (...)».

Paraguay (50): Se precisa un certificado de antecedentes pero no se especifica de qué índole deben ser los delitos.

Uruguay (50): Deberá acreditar la percepción de un ingreso mensual nominal (con una antigüedad mínima de tres meses), el cual deberá ser suficiente para su manutención.

2.5. Buena conducta

Argentina (50): El Art. 5 de la Ley 21.795 recoge, como requisito para la obtención de la nacionalidad por extranjeros, la necesidad de «poseer buena conducta».

Brasil (0): Se exige en el apartado VII del mismo art. 112 de la Ley 6.815 «la inexistencia de denuncia, pronunciamiento o condena en Brasil o el exterior por crimen doloso (...)».

Paraguay (50): El requisito se recoge en el Art. 148 de la Constitución: «Buena conducta, definida en la ley».

Uruguay (50): Se recoge en el Art. 75 de la Constitución: «Los hombres y las mujeres extranjeros de buena conducta (...)».

2.6. Coste del procedimiento

Argentina (100): No es necesario el pago de ninguna tasa.

Brasil (100): No se especifica que se tenga que abonar un pago entre los requisitos.

Paraguay (50): La tasa para formalizar el proceso es de G. 28.062 (5 dólares)

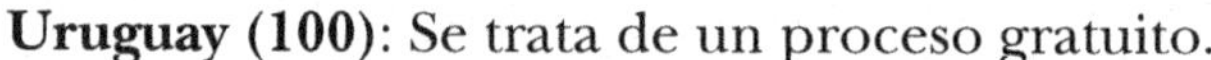

Uruguay (100): Se trata de un proceso gratuito.

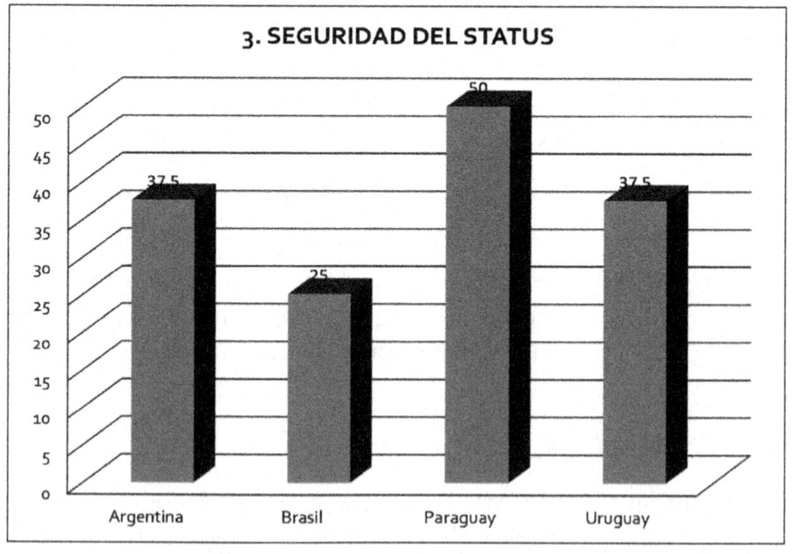

Fuente: Elaboración propia a través de los datos obtenidos en nuestra investigación utilizando la metodología MIPEX.

INDICADORES

3.1. Duración máxima del proceso

Argentina (0): No se establece ninguna duración máxima del procedimiento de solicitud de nacionalidad.

Brasil (0): No se establece ninguna duración máxima del procedimiento de solicitud de nacionalidad.

Paraguay (0): No se establece ninguna duración máxima del procedimiento de solicitud de nacionalidad.

Uruguay (0): No se establece ninguna duración máxima del procedimiento de solicitud de nacionalidad.

3.2. Causas de denegación o retirada de la nacionalidad

Argentina (0): Se impedirá el otorgamiento de ciudadanía por naturalización cuando:

- no se tenga ocupación o medios de subsistencia honestos
- se esté procesado en el país, o en el extranjero por delito previsto en la legislación penal argentina, hasta no ser separado de la causa.
- haya sido condenado por delito doloso, ya fuere en el país o en el extranjero, a pena privativa de libertad mayor de tres (3) años, salvo que la misma hubiere sido cumplida y hubieren transcurrido cinco (5) años desde el vencimiento del término de la pena fijada en la condena o hubiere mediado amnistía.

Brasil (0): La legislación brasileña en materia de reagrupación familiar no menciona ninguno de estos supuestos. Los Art. 132-141 del DEC nº 9.199 que regulan la negativa, pérdida o denegación de la residencia no establecen ningún tipo de consideraciones a tener en cuenta antes de decidir denegar o retirar el permiso de residencia al interesado.

Paraguay (50): La sección b) del Art. 35 de la Ley de Migraciones establece que la Justicia ordinaria puede «resolver no cancelar su residencia permanente en razón de su edad avanzada, su estado grave de salud, de que su cónyuge o descendientes en línea recta sean paraguayos y vivan en el país o cuando el cónyuge y los descendientes en línea recta menores de edad o impedidos sean extranjeros con residencia permanente en el país. » Es decir, se tiene en cuenta los vínculos con los cónyuges o hijos menores o impedidos residentes permanentes en el país.

Uruguay (0): El Art. 48 de la Ley de Migraciones establece que «La cancelación de la residencia permanente o temporaria no se efectivizará en los casos en que la persona extranjera fuera madre, padre, cónyuge o concubino del nacional», sin embargo no menciona a los familiares de inmigrantes con residencia legal. Más allá de esto, la legislación uruguaya no establece ninguna otra condición a tener en cuenta que condicione la decisión de denegación o retirada del permiso.

3.3. Poderes discrecionales en la denegación

Argentina (50): Se contemplan poderes discrecionales para la concesión (no el rechazo) de la nacionalidad incluso incurriendo en uno de los impedimentos del Art. 5 de la Ley 21.795. Dice el Art. 6 de esta misma ley que «El plazo establecido por el artículo 5, inciso b), podrá ser reducido si, a criterio del Tribunal interviniente, el peticionante acreditare haber prestado servicios de importancia a la Nación. En los casos del artículo 5, incisos h) e i) de la presente ley; el tribunal podrá otorgar la nacionalidad una vez que transcurrieren CINCO (5) años desde el vencimiento del término de la pena privativa de libertad fijada en la condena. La condición prevista en el artículo 5, inciso 1), no impedirá la obtención de la nacionalidad argentina si, por su conducta, el extranjero exterioriza plenamente su adhesión a la causa de la República».

Brasil (0): El Art. 120 de la Ley 6.815 establece que: «La satisfacción de las condiciones previstas en esta Ley no garantiza al extranjero derecho a la naturalización».

Paraguay: A la espera de datos por parte del Estado.

Uruguay: A la espera de datos por parte del Estado.

3.4. Protección legal

Argentina (100): Los Art. 74-89 de la Ley de Migraciones establecen la posibilidad del migrante de utilizar el recurso de reconsideración y de recurrir a la vía judicial si se ha agotado previamente la vía administrativa para recurrir a decisiones de denegación de la admisión o retira de la residencia (recurso de reconsideración, jerárquico o alzada) Además, el Art. 86 del Dec. 9.199 establece que «Los extranjeros que se encuentren en territorio nacional y que carezcan de medios económicos, tendrán derecho a asistencia jurídica gratuita en aquellos procedimientos administrativos y judiciales que puedan llevar a la denegación de su entrada, al retorno a su país de origen o a la expulsión del territorio argentino. Además tendrán derecho a la asistencia de intérprete/s si no comprenden o hablan el idioma oficial.»

Brasil (100): El Art. 134 del DECRETO nº 9.199 que regula la Ley de Migración establece la posibilidad de interponer un recurso ante la denegación de la residencia e iniciar la vía administrativa en un plazo de diez días.

Paraguay (100): El migrante puede interponer recurso jerárquico en un plazo de tres días que el Ministerio del Interior resolverá en un plazo de ocho días. (Art. 116-117 Ley de Migraciones).

Uruguay (100): El Art. 53 d la Ley de Migraciones establece lo siguiente: «Las resoluciones administrativas que disponen la expulsión de las personas extranjeras serán pasibles de impugnación por el régimen de recursos previsto en el artículo 317 de la Constitución de la República, demás disposiciones legales y concordantes y tendrán efecto suspensivo».

3.5. Protección contra la retirada de la nacionalidad

Argentina: 16,66666667

Brasil: 33,33333333

Paraguay: 0

Uruguay: 16,66666667

Subindicador a): Causales de retirada

Argentina (0): El Art. 62 Ley de Migraciones establece lo siguiente: «La Dirección Nacional de Migraciones, sin perjuicio de las acciones judiciales que correspondieran deducir, cancelará la residencia que hubiese otorgado, con efecto suspensivo, cualquiera fuese su antigüedad, categoría o causa de la admisión y dispondrá la posterior expulsión, cuando:

a) Con la finalidad de obtener un beneficio migratorio o la ciudadanía argentina se hubiese articulado un hecho o un acto simulado o éste hubiese sido celebrado en fraude a la ley o con vicio del consentimiento o se hubiere presentado documentación material o ideológicamente falsa o adulterada;

b) El residente hubiese sido condenado judicialmente en la República por delito doloso que merezca pena privativa de libertad mayor de cinco (5) años o registrase una conducta reiterante en la comisión de delitos. En el primer supuesto cumplida la condena, deberá transcurrir un plazo de dos (2) años para que se dicte la resolución definitiva de cancelación de residencia, la que se fundamentará en la posible incursión por parte del extranjero en los impedimentos previstos en el artículo 29 de la presente ley. En caso de silencio de la Administración, durante los treinta (30) días posteriores al vencimiento de dicho plazo, se considerará que la residencia queda firme;

c) El beneficiario de una radicación permanente hubiese permanecido fuera del Territorio Nacional por un período superior a los dos (2) años o la mitad del plazo acordado, si se tratara de residencia temporaria, excepto que la ausencia obedeciere al ejercicio de una función pública argentina o se hubiese generado en razón de actividades, estudios o investigaciones que a juicio de la Dirección Nacional de Migraciones pudieran ser de interés o beneficiosa para la República Argentina o que mediara autorización expresa de la autoridad migratoria la que podrá ser solicitada por intermedio de las autoridades consulares argentinas;

d) Asimismo será cancelada la residencia permanente, temporaria o transitoria concedida cuando se hayan desnaturalizado las razones que motivaron su concesión o cuando la instalación en el país hubiera sido subvencionada total o parcialmente, directa o indirectamente por el Estado Argentino y no se cumplieran o se violaren las condiciones expresamente establecidas para la subvención;

e) El Ministerio del Interior podrá disponer la cancelación de la residencia permanente o temporaria y la expulsión de la República de todo extranjero, cualquiera sea la situación de residencia, cuando realizare en el país o en el exterior, cualquiera de las actividades previstas en los incisos d) y e) del artículo 29 de la presente.»

Brasil (50): La sección 4 del Art. 12 de la Constitución establece que «Será declarada a perda da nacionalidade do brasileiro que:

I–tiver cancelada sua naturalização, por sentença judicial, em virtude de atividade nociva ao interesse nacional II–adquirir outra nacionalidade, salvo nos casos:

a) de reconhecimento de nacionalidade originária pela lei estrangeira;

b) de imposição de naturalização, pela norma estrangeira, ao brasileiro residente em estado estrangeiro, como condição para permanência em seu território ou para o exercício de direitos civis».

Paraguay (0): El Art. 165 de la Constitución establece que «Los paraguayos naturalizados pierden la nacionalidad en virtud de ausencia injustificada de la República por más de tres años, declarada judicialmente, o por la adquisición voluntaria de otra nacionalidad.»

Uruguay (0): El Art. 47 de la Ley de Migraciones establece todos los supuestos en los que se puede retirar la residencia permanente:

A) La persona extranjera que mediante hechos o actos simulados o fraudulentos hubiere logrado obtener la categoría migratoria pertinente.

B) La persona extranjera que en el territorio nacional cometiere delito de carácter doloso y fuera condenado con pena de penitenciaría o registrase una conducta reiterante en la comisión de delitos, excepto los refugiados.

C) La persona con residencia permanente que se ausentare del país por un plazo superior a tres años.

D) La persona con residencia permanente o temporaria que haya ingresado al país a través de un programa subvencionado por el Estado uruguayo o haya sido exonerado del pago de impuestos, tasas o contribuciones y no cumpliere con las condiciones que dieron origen a la subvención o exoneración.

E) La persona con residencia permanente o temporaria que realizare alguna de las conductas previstas en los literales B) y D) del artículo 45 de la presente ley.

F) La persona con residencia que cometiere en el país o fuera de él actos de terrorismo o cualquier acto violatorio de los derechos humanos establecido como tal en los instrumentos internacionales ratificados por el país.

Subindicador b): Límites temporales para la retirada

Argentina (0): En la legislación no se establecen límites temporales.

Brasil (0): En la legislación no se establecen límites temporales.

Paraguay (0): En la legislación no se establecen límites temporales.

Uruguay (0): En la legislación no se establecen límites temporales.

Subindicador c): Protecciones para apátridas

Argentina (50): No se explicita de tal manera en la legislación pero la figura del apátrida está contemplada en el Art. 23 del Dec. 616/2010.

Brasil (50): No se explicita de tal manera en la legislación pero la figura del apátrida está contemplada en el Dec. 4264/2002.

Paraguay (0): No se menciona en la legislación.

Uruguay (50): El Art. 81 de la Ley de Ciudadanía establece que la nacionalidad no se pierde ni aun por naturalizarse en otro país, bastando simplemente, para recuperar el ejercicio de los derechos de ciudadanía, avecinarse en la República e inscribirse en el Registro Cívico. Uruguay aprobó en 2017 una ley de reconocimiento y atención al apátrida. No se especifica la prohibición de retirar nacionalidad a alguien que se quedaría apátrida, pero se contempla la figura.

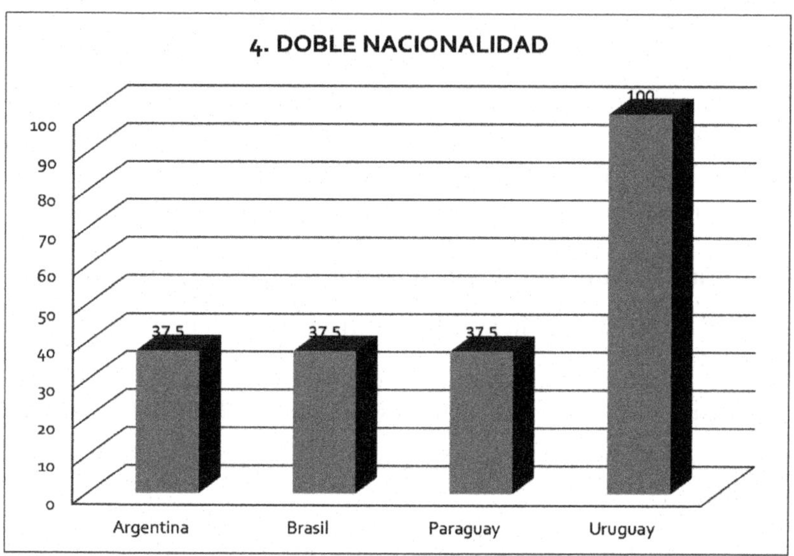

Fuente: Elaboración propia a través de los datos obtenidos en nuestra investigación utilizando la metodología MIPEX.

4.1. Doble nacionalidad para primeras generaciones

Argentina: 25

Brasil: 25

Paraguay: 25

Uruguay: 100

Subindicador a): Requisitos de renuncia

Argentina (50): Argentina permite la doble nacionalidad con ciertos países con los que mantiene convenios. El Art. 7 de la Ley 21.795 hace referencia a que, en caso de existir tratados internacionales al respecto, los argentinos nativos que adquieran una nueva nacionalidad podrían mantener la argentina.

Brasil (50): El art. 12. § 4o de la Constitución prevé como causa de pérdida de la nacionalidad brasileña el adquirir una nueva nacionalidad, salvo en los casos de que en el nuevo estado se reconozca también su nacionalidad originaria (brasileña) o que sea por imposición de la naturalización del brasileño residente en ese nuevo estado, como condición para su permanencia en el mismo o para el ejercicio de derechos civiles. El Ministerio de Relaciones Exteriores de Brasil establece lo siguiente: «A Constituição Federal prevê a possibilidade de o brasileiro ter dupla ou múltiplas nacionalidades/cidadanias em duas hipóteses:

- quando há o reconhecimento de nacionalidade originária pela lei estrangeira. Neste caso, a nacionalidade decorre da lei estrangeira, que reconhece como nacionais os nascidos em seu território ou filhos/descendentes de seus nacionais; e
- quando há imposição de nacionalidade pela norma estrangeira, por meio de processo de naturalização, ao brasileiro residente em estado estrangeiro, como condição para permanência em seu território ou para o exercício de direitos civis.»

Paraguay (50): El Art. 150 de la Constitución establece que «Los paraguayos naturalizados pierden la nacionalidad (...) por la adquisición voluntaria de otra nacionalidad». El art. 149 determina que se permite la doble nacionalidad en caso de existir tratados internacionales al respecto.

Uruguay (100): Según el Ministerios de Relaciones Exteriores, la nacionalidad uruguaya es irrenunciable y por tanto, es posible para una persona llevar la nacionalidad uruguaya en conjunto con la nacionalidad de otro país, sin perder jamás la uruguaya.

Subindicador b): Excepciones ante la renuncia

Argentina (0): No se alude a este supuesto en la legislación.

Brasil (0): No se alude a este supuesto en la legislación.

Paraguay: No se alude a este supuesto en la legislación.

Uruguay (100): No es necesario renunciar ya que Uruguay considera la doble nacionalidad.

4.2. Doble nacionalidad para la segunda y tercera generación

Argentina (50): Argentina permite optar por la nacionalidad argentina a extranjeros nacidos en el exterior hijos de argentinos.

Brasil (50): De acuerdo con el Art. 12 de la Constitución, se permite a los brasileños tener doble o múltiples nacionalidades si tiene nacionalidad por nacimiento de otro estado, es de ascendencia extranjera o es nacional por imposición de la norma extranjera. El Art. 122 de la Ley 6.815 establece que la naturalización del extranjero no conlleva la adquisición de la nacionalidad brasileña del cónyuge e hijos del naturalizado, ni autoriza a estos a la entrada o radicación en Brasil sin que satisfagan las condiciones de la Ley.

Paraguay (50): El Art. 149 de la Constitución dispone lo siguiente: «La nacionalidad múltiple podrá ser admitida mediante tratado internacional por reciprocidad de rango constitucional entre los Estados del natural de origen y del de adopción».

Uruguay (100): Según el Ministerios de Relaciones Exteriores, cuando una persona ha nacido en el exterior y es hijo/a de padre o madre uruguayo/a es entonces nacional uruguayo. La nacionalidad uruguaya es irrenunciable y por tanto, es posible para una persona llevar la nacionalidad uruguaya en conjunto con la nacionalidad de otro país, sin perder jamás la uruguaya.

8) ANTI DISCRIMINACIÓN

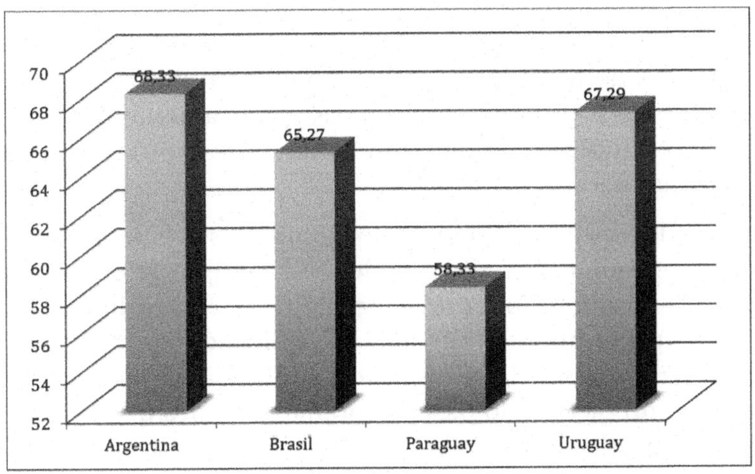

A diferencia de otras dimensiones abordadas por el índice MIPEX, la categoría de antidiscriminación presentó limitaciones significativas en cuanto a disponibilidad y consistencia de la información recabada en los países del Mercosur. Si bien existen disposiciones generales en las legislaciones nacionales que prohíben la discriminación, la ausencia de mecanismos específicos, sistemáticos y comparables para registrar, sancionar y prevenir actos discriminatorios hacia personas migrantes dificultó la evaluación homogénea de esta dimensión. En particular, los vacíos normativos y la falta de implementación efectiva de políticas antidiscriminatorias dirigidas al colectivo migrante fueron obstáculos recurrentes en todos los casos.

La evidencia recopilada muestra que, en términos formales, todos los países del Mercosur cuentan con normas constitucionales o leyes marco que consagran el principio de igualdad. Sin embargo, estas disposiciones rara vez se traducen en políticas públicas concretas y sostenidas orientadas específicamente a combatir la discriminación hacia personas migrantes. Por ejemplo, las agencias estatales responsables de derechos humanos no cuentan con divisiones específicas ni indicadores regulares que permitan medir la discriminación por origen nacional o condición migratoria. Además, en la mayoría de los países analizados, las campañas públicas de sensibilización y los programas de formación institucional sobre diversidad cultural son escasos, esporádicos o no sistemáticamente dirigidos a agentes estatales clave como funcionarios de fronteras, policías o personal del sistema de salud.

Debido a estas limitaciones, los resultados preliminares para esta dimensión deben ser tomados con cautela y se encuentran sujetos a modificaciones una vez que las agencias de gobierno pertinentes remitan la información solicitada en el marco de las leyes de acceso a la información pública. No obstante, el patrón común observado hasta el momento indica que la dimensión de antidiscriminación constituye uno de los principales desafíos pendientes en materia de integración migratoria en América Latina. El fortalecimiento normativo, institucional y presupuestario en este ámbito es clave para garantizar una integración efectiva y basada en derechos (superando el enfoque meramente declarativo que predomina en la actualidad).

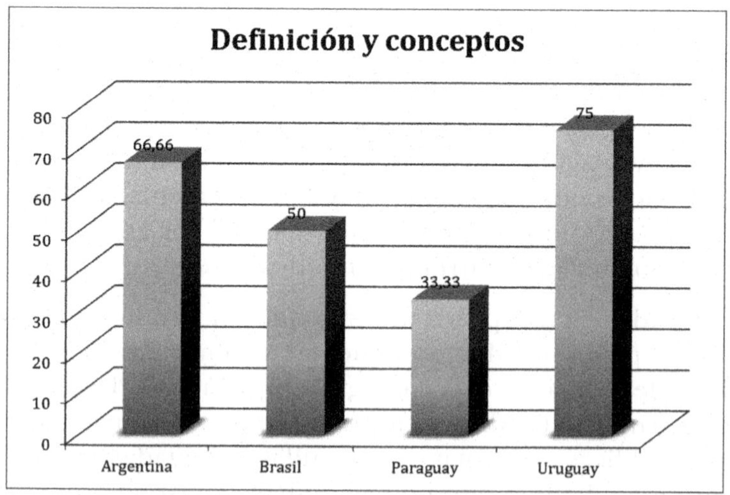

Fuente: Elaboración propia a través de los datos obtenidos en nuestra investigación utilizando la metodología MIPEX.

INDICADORES

1.1. La ley cubre formas de discriminación directas e indirectas

Argentina (100): El Art. 16 de la Constitución, los Art. 1-2 de la Ley 5.261 y el Art. 80 del Código Penal cubren formas de discriminación directa/indirecta. Conceptos de raza y etnicidad: son tratados en los Art. 1 de la Ley 23.592 y el Art. 3 de Ley 5.261. Por otra parte, temas de religión y creencias se conciben en los Art. 1 de la Ley 23.592 y Art. 3 de la Ley 5.261. Finalmente, los temas relativos a nacionalidad se tratan en el Art. 1 de la Ley 23.592 y en el Art. 3 de la Ley 5.261

Brasil (100): La sección XLI) del Art. 5 de la Constitución y la sección IV) del Art. 3 de la Ley 13.445 cubren temas de discriminación directa/indirecta. Temas de raza y etnicidad se encuentran en la sección IV) del Art. 3 de la Constitución, la sección XLII del Art. 5 de la Constitución, el Art. 1 de la Ley 7.716 y el Art. 1 de la Ley 12.288. Temas de religión y creencias se tratan en el Art. 1 de la Ley 7.716. Por último, la nacionalidad se trata en el Art. 1 de la Ley 7.716.

Paraguay (100): Paraguay no tiene una ley íntegra conta la discriminación, solo un proyecto de ley que no se ha sometido a tramite. Además, en la constitución se hace constante mencion a los derechos de "todas las personas." Artículo 46–DE LA IGUALDAD DE LAS PERSONAS.

Todos los habitantes de la República son iguales en dignidad y derechos. No se admiten discriminaciones. El Estado removerá los obstáculos e impedirá los factores que las mantengan o las propicien.

Las protecciones que se establezcan sobre desigualdades injustas no serán consideradas como factores discriminatorios sino igualitarios.

Uruguay (100): La discriminación directa/indirecta se cubre en el Art. 1 Ley 17.817 y el Art. 8 de la Constitución. El Art. 2 de la Ley 18.817 trata temas de raza y etnicidad y el Art. 2 de esta misma ley cubre cuestiones de religión y creencias, al igual que el tema de la nacionalidad.

1.2. La ley cubre la discriminación por asociación y basada en determinadas características

Argentina (50): El Art. 16 de la Constitución, los Art. 1-2 de la Ley 5.261 y el Art. 80 del Código Penal cubren formas de discriminación directa/indirecta. Conceptos de raza y etnicidad: son tratados en los Art. 1 de la Ley 23.592 y el Art. 3 de Ley 5.261. Por otra parte, temas de religión y creencias se conciben en los Art. 1 de la Ley 23.592 y Art. 3 de la Ley 5.261. Finalmente, los temas relativos a nacionalidad se tratan en el Art. 1 de la Ley 23.592 y en el Art. 3 de la Ley 5.261. Sin embargo, no se contempla en ninguna situación la discriminación por asociación.

Brasil (50): La sección XLI) del Art. 5 de la Constitución y la sección IV) del Art. 3 de la Ley 13.445 cubren temas de discriminación directa/indirecta. Temas de raza y etnicidad se encuentran en la sección IV) del Art. 3 de la Constitución, la sección XLII del Art. 5 de la Constitución, el Art. 1 de la Ley 7.716 y el Art. 1 de la Ley 12.288. Temas de religión y creencias se tratan en el Art. 1 de la Ley 7.716. Por último, la nacionalidad se trata en el Art. 1 de la Ley 7.716. No se contempla por asociación.

Paraguay (50): Es importante tener en cuenta que Paraguay no posee una ley contra todas las formas de discriminación. La discriminación directa/indirecta se cubre en el Art. 74 de la Constitución. El Art. 88 de la Constitución trata temas de raza y etnicidad y religión y creencias.

Uruguay (100): La discriminación directa/indirecta se cubre en el Art. 1 Ley 17.817 y el Art. 8 de la Constitución. El Art. 2 de la Ley 18.817 trata temas de raza y etnicidad y el Art. 2 de esta misma ley cubre cuestiones de religión y creencias, al igual que el tema de la nacionalidad.

1.3. La ley se aplica a naturales y regulares

Argentina (100):

- Art. 55 de la Ley de Migraciones: «No podrá proporcionarse alojamiento a título oneroso a los extranjeros que se encuentren residiendo irregularmente en el país (...) ninguna persona de existencia visible o ideal, pública o privada, podrá proporcionar trabajo u ocupación remunerada (...) a los extranjeros que residan irregularmente»
- Art. 56: «La aplicación de la presente ley no eximirá al empleador o dador de trabajo del cumplimiento de las obligaciones emergentes de la legislación laboral respecto del extranjero, cualquiera sea su condición migratoria»
- Art. 16 de la Ley de Migraciones: «La adopción por el Estado de todas las medidas necesarias y efectivas para eliminar la contratación laboral en el territorio nacional de inmigrantes en situación irregular, incluyendo la imposición de sanciones a los empleadores, no menoscabará los derechos de los trabajadores inmigrantes frente a sus empleadores en relación con su empleo».
- Art. 22 de la Ley de Migraciones: «Ningún empleador podrá contratar laboralmente a personas extranjeras que se encuentren en situación irregular en el territorio nacional».
- Art. 53 de la Ley de Migraciones: «Los extranjeros que residan irregularmente en el país no podrán trabajar o realizar tareas remuneradas o lucrativas, ya sea por cuenta propia o ajena, con o sin relación de dependencia».

Brasil (100): El Art. 2 de la Ley 12.288 establece lo siguiente: «Es deber del Estado y de la sociedad garantizar la igualdad de oportunidades, reconociendo a todo ciudadano brasileño, independientemente de la etnia o del color de la piel, el derecho a la participación en la comunidad, especialmente en las actividades políticas, económicas, empresariales, educativas, culturales y deportivas, defendiendo su dignidad y sus valores religiosos y culturales». Por otra parte, la sección XI) del Art. 4 de la Ley 13.445 introduce la «garantía del cumplimiento de las obligaciones legales y contractuales y su aplicación para la protección del trabajador, sin discriminación en razón de su nacionalidad y su condición migratoria».

Paraguay (0): Paraguay carece de una ley contra todas la formas de discriminación.

Uruguay (100):

- Art. 16 de la Ley de Migraciones: «Las personas migrantes tendrán igualdad de trato que las nacionales con respecto al ejercicio de una actividad laboral».
- Art. 17 de la Ley de Migraciones: «El Estado adoptará las medidas necesarias para asegurar que las personas migrantes no sean privadas de ninguno de los derechos amparados en la legislación laboral a causa de irregularidades en su permanencia o empleo».
- Art. 20 de la Ley de Migraciones: «Las personas extranjeras admitidas en la categoría de no residente no podrán ejercer actividad laboral alguna fuera de las específicas en su categoría».

1.4. La ley se aplica al sector público

Argentina (50): Solo aplica a los organismos públicos: Art. 16, 55, 53 y 56 de la Ley de Migraciones.

Brasil (50): Chapter IV–LEI N° 12.288, DE 20 DE JULHO DE 2010. Art. 54. The State shall take measures to prevent acts of discrimination and prejudice committed by public servants to the detriment of the black population, observed, as appropriate, the provisions of the Law 7.716, of 5 January 1989. art. 53. The State will adopt special measures to curb police violence against the black population. https://www.ilo.org/dyn/natlex/docs/ELECTRONIC/84542/94078/F470973704/BRA84542.pdf

Paraguay (50): Artículo 101–DE LOS FUNCIONARIOS Y DE LOS EMPLEADOS PUBLICOS.

Los funcionarios y los empleados públicos están al servicio del país. Todos los paraguayos tienen el derecho a ocupar funciones y empleos públicos. https://www.oas.org/juridico/spanish/par_res3.htm

Uruguay (50): Solo aplica a los organismos públicos: Art. 16, 17 y 20 de la Ley de Migraciones.

1.5. Prohibiciones en la ley

Argentina (100):

All of the three are prohibited within the context of the law, because it entails any act that goes from aggression or offense to discriminative propaganda, and even the perpetration of any organised act that might vulnerate the rights of any of the groups mentioned (https://www.argentina.gob.ar/normativa/nacional/ley-23592-20465/actualizacion)

Brasil (0): La Ley solo prohíbe explícitamente las difamaciones por motivos raciales o religiosos: Art. 140 § 3o Código Penal.

Paraguay (0): No se especifican.

Uruguay (50): Decree No. N° 10.279 declares to punish A and C with prison up to 15 years. Law No. 17.817 states that violence (moral of physical) motivated by any of the previously established factors is recognised as discrimination. No further evidence found. D is not covered.

1.6. La ley cubre múltiples formas de discriminación

Argentina (0): The law in question does not include further indication on behalf of the possibility of multiple discrimination, aside from highlighting that the victim is entitled to report any damage (https://www.argentina.gob.ar/normativa/nacional/ley-23592-20465/actualizacion)

Brasil (0): LEI N° 7.716, DE 5 DE JANEIRO DE 1989 explains what are the sanctions for discriminating people based on the race, ethnicity, gender, natonality or religion, but it does not directly prohibits this actions (http://www.planalto.gov.br/ccivil_03/leis/l7716.htm)

Paraguay (0): No se especifica.

Uruguay (50): Stated in Article 4 of the "CONVENCION INTERAMERICANA CONTRA TODA FORMA DE DISCRIMINACION E INTOLERANCIA". Member states of the comission (includes Uruguay) must eliminate, prevent and punishall forms of discrimination, considering multiple discrimination factors as aggravating.

2) CAMPOS DE APLICACIÓN

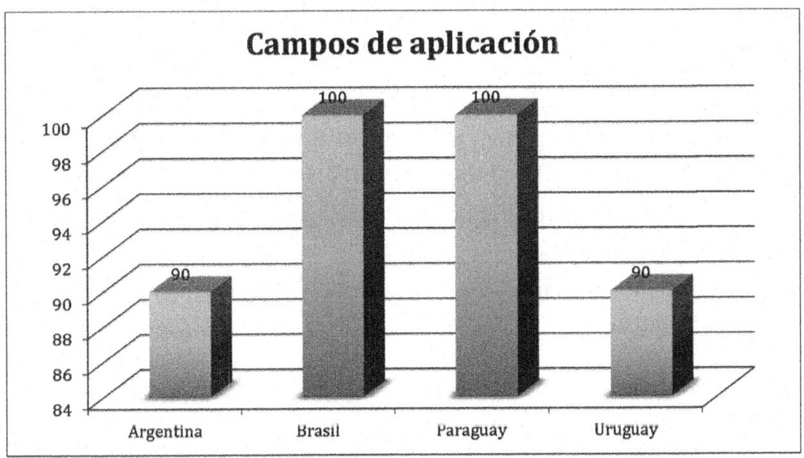

Fuente: Elaboración propia a través de los datos obtenidos en nuestra investigación utilizando la metodología MIPEX.

2.1. Empleo y formación profesional

Argentina (50): The law 23.592 does not make reference to any principle related to vocational training, but there is a specific law (Law Number 24.515) that highlights the importance of not suffering racial discrimination in the working sphere, which involves the three categories in question (https://www.argentina.gob.ar/normativa/nacional/ley-24515-25031/actualizacion)

Brasil (100): LEI N° 12.288, DE 20 DE JULHO DE 2010. TÍTULO II

DOS DIREITOS FUNDAMENTAIS CAPÍTULO V DO TRABALHO These articles are closely related to the health system. Nevertheles, although Law N° 12.288 includes discrimination against gender, race, or ethnicity, Title II mainly mentions Black population.

Paraguay (100): Artículo 88–DE LA NO DISCRIMINACION

No se admitirá discriminación alguna entre los trabajadores por motivos étnicos, de sexo, edad, religión, condición social y preferencias políticas o sindicales.

El trabajo de las personas con limitaciones o incapacidades físicas o mentales será especialmente amparado.

Uruguay (100): The law against violence at work is under the "Convención Internacional sobre la Eliminación de Todas las Formas de Discriminación Racial" which covers A,B and C.

2.2. Educación

Argentina (100): El Art. 6 de la Ley de Migraciones: «El Estado en todas sus jurisdicciones, asegurará el acceso igualitario a los inmigrantes y sus familias en las mismas condiciones de protección, amparo y derechos de los que gozan los nacionales, en particular lo referido a servicios sociales, bienes públicos, salud, educación, justicia, trabajo, empleo y seguridad social».

Brasil (100): LEI N° 12.288, DE 20 DE JULHO DE 2010. TÍTULO II

DOS DIREITOS FUNDAMENTAIS CAPÍTULO II DO DIREITO À EDUCAÇÃO, À CULTURA, AO ESPORTE E AO LAZER These articles are closely related to the health system. Nevertheles, although Law N° 12.288 includes discrimination against gender, race, or ethnicity, Title II mainly mentions Black population.

Paraguay (100): Artículo 74–DEL DERECHO DE APRENDER Y DE LA LIBERTAD DE ENSEÑAR

Se garantizan el derecho de aprender y la igualdad de oportunidades al acceso a los beneficios de la cultura humanística, de la ciencia y de la tecnología, sin discriminación alguna.

Se garantiza igualmente la libertad de enseñar, sin más requisitos que la idoneidad y la integridad ética, así como el derecho a la educación religiosa y al pluralismo ideológico.

Uruguay (50): El Art. 8 de la Ley de Migraciones establece que «las personas migrantes y sus familiares gozarán de los derechos de salud, trabajo, seguridad social, vivienda y educación en pie de igualdad con los nacionales. Dichos derechos tendrán la misma protección y amparo en uno y otro caso».

2.3. Protección social

Argentina (100): El Art. 6 de la Ley de Migraciones señala que «el Estado en todas sus jurisdicciones, asegurará el acceso igualitario a los inmigrantes y sus familias en las mismas condiciones de protección, amparo y derechos de los que gozan los nacionales, en particular lo referido a servicios sociales, bienes públicos, salud, educación, justicia, trabajo, empleo y seguridad social».

Brasil (100): Social security is a right written down in the constitution. In this document, it also says that "All persons are equal before the law, without any distinction whatsoever, Brazilians and foreigners residing in the country being ensured of inviolability of the right to life, to liberty, to equality, to security and to property" CHAPTER II Article 6. Education, health, food, work, housing, leisure, security, social security, protection of motherhood and childhood, and assistance to the destitute are social rights, as set forth by this Constitution.

Paraguay (100): Artículo 95–DE LA SEGURIDAD SOCIAL

El sistema obligatorio e integral de seguridad social para el trabajador dependiente y su familia será establecido por la ley. Se promoverá su extensión a todos los sectores de la población.

Uruguay (100): El Art. 8 de la Ley de Migraciones señala que «las personas migrantes y sus familiares gozarán de los derechos de salud, trabajo, seguridad social, vivienda y educación

en pie de igualdad con los nacionales. Dichos derechos tendrán la misma protección y amparo en uno y otro caso».

2.4. Acceso y oferta de bienes y servicios públicos, incluida vivienda

Argentina (100): El Art. 6 de la Ley de Migraciones establece que «el Estado en todas sus jurisdicciones, asegurará el acceso igualitario a los inmigrantes y sus familias en las mismas condiciones de protección, amparo y derechos de los que gozan los nacionales, en particular lo referido a servicios sociales, bienes públicos, salud, educación, justicia, trabajo, empleo y seguridad social».

Brasil (100): LEI N° 12.288, DE 20 DE JULHO DE 2010. TÍTULO II

DOS DIREITOS FUNDAMENTAIS

CAPÍTULO IV DO ACESSO À TERRA E À MORADIA ADEQUADA These articles are closely related to the health system. Nevertheles, although Law N° 12.288 includes discrimination against gender, race, or ethnicity, Title II mainly mentions Black population.

Paraguay (100): Artículo 100–DEL DERECHO A LA VIVIENDA

Todos los habitantes de la República tienen derecho a una vivienda digna.

El Estado establecerá las condiciones para hacer efectivo este derecho, y promoverá planes de vivienda de interés social, especialmente las destinadas a familias de escasos recursos, mediante sistemas de financiamiento adecuados.

Uruguay (100): El Art. 8 de la Ley de Migraciones señala que «las personas migrantes y sus familiares gozarán de los derechos de salud, trabajo, seguridad social, vivienda y educación

en pie de igualdad con los nacionales. Dichos derechos tendrán la misma protección y amparo en uno y otro caso».

2.5. Access to and supply of public goods and services, including health

Argentina (100): El Art. 6 de la Ley de Migraciones establece que «el Estado en todas sus jurisdicciones, asegurará el acceso igualitario a los inmigrantes y sus familias en las mismas condiciones de protección, amparo y derechos de los que gozan los nacionales, en particular lo referido a servicios sociales, bienes públicos, salud, educación, justicia, trabajo, empleo y seguridad social».

Brasil (100): LEI N° 12.288, DE 20 DE JULHO DE 2010. TÍTULO II

DOS DIREITOS FUNDAMENTAIS CAPÍTULO I DO DIREITO À SAÚDE. These articles are closely related to the health system. Nevertheles, although Law N° 12.288 includes discrimination against gender, race, or ethnicity, Title II mainly mentions Black population.

Paraguay (100): Artículo 68–DEL DERECHO A LA SALUD

El Estado protegerá y promoverá la salud como derecho fundamental de la persona y en interés de la comunidad.

Nadie será privado de asistencia pública para prevenir o tratar enfermedades, pestes o plagas, y de socorro en los casos de catástrofes y de accidentes.

Toda persona está obligada a someterse a las medidas sanitarias que establezca la ley, dentro del respeto a la dignidad humana.

Uruguay (100): El Art. 8 de la Ley de Migraciones señala que «las personas migrantes y sus familiares gozarán de los derechos de salud, trabajo, seguridad social, vivienda y educación

en pie de igualdad con los nacionales. Dichos derechos tendrán la misma protección y amparo en uno y otro caso».

3) MECANISMOS DE APLICACIÓN

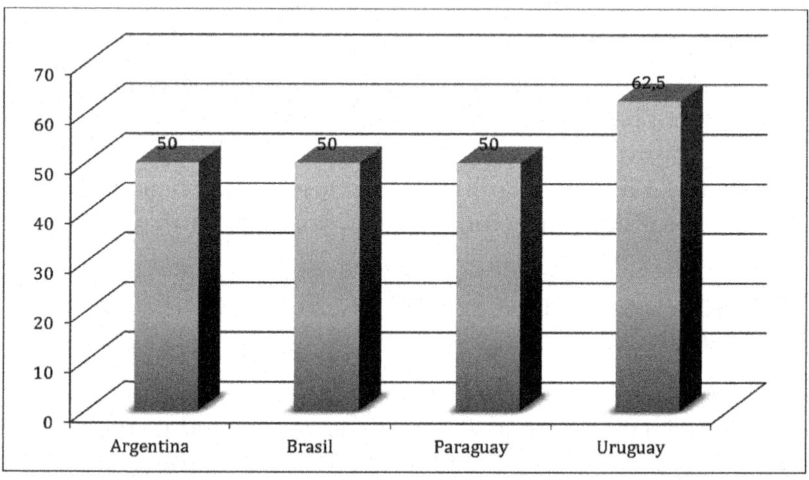

Fuente: Elaboración propia a través de los datos obtenidos en nuestra investigación utilizando la metodología MIPEX.

3.1. Procedimientos disponibles para las víctimas

Argentina (100): El Art. 6 de la Ley de Migraciones establece que «el Estado en todas sus jurisdicciones, asegurará el acceso igualitario a los inmigrantes y sus familias en las mismas condiciones de protección, amparo y derechos de los que gozan los nacionales, en particular lo referido a servicios sociales, bienes públicos, salud, educación, justicia, trabajo, empleo y seguridad social».

Brasil (100): La sección IX) del Art. 4 de la Ley 13.445 establece el «Amplio acceso a la justicia y asistencia jurídica integral gratuita a los que probaran insuficiencia de recursos».

Paraguay (100): CAPÍTULO II

TRIBUNALES COMPETENTES

Artículo 38. ÓRGANOS. Serán órganos jurisdiccionales, en los casos y formas que las leyes determinan:

1) la Corte Suprema de Justicia;

2) los Tribunales de Apelación;

3) los Tribunales de Sentencia;

4) los Jueces Penales;

5) los Jueces de Ejecución; y,

6) los Jueces de Paz.

Uruguay (50): A and B are stated in the web on information for discrimation issues. (IMPO)

3.2. Transferencia en la carga de la prueba en los procedimientos

Argentina (100): Establecido en el Art. 13 de la Ley 5.261.

Brasil: sin datos

Paraguay (0): Titulo II Capítulo I: Artículo 53. CARGA DE LA PRUEBA. La carga de la prueba corresponderá al Ministerio Público, quien deberá probar en el juicio oral y público los hechos que fundamenten su acusación. // Titulo VII:Artículo 444. CARGA DE LA PRUEBA Y OBJECIÓN. Corresponderá al acusador particular la prueba de los hechos en que funde su pretensión.

El demandado sólo podrá objetar la legitimación del demandante, la clase de la reparación solicitada y la cuantía de la indemnización.

El escrito de objeción deberá ser fundado y acompañado de toda la prueba que respalde la objeción.

Si no se objeta el mandamiento en el plazo establecido, quedará firme la orden de reparación o indemnización y el juez ordenará su ejecución.

Presentada la objeción, el juez, convocará a las partes a una audiencia de conciliación y prueba dentro de los diez días.

Uruguay: sin datos

3.3. La ley acepta la prueba de situaciones y datos estadísticos

Argentina (0): There is no article or statement in both Laws 23.592 and 24.515 that allude to statistical data as a possible evidence in court.

Brasil: sin datos

Paraguay: sin datos

Uruguay (50): Decree No. 152/006 of 05/30/2006 establishes in its Article 1 the national interest to fight against racism and xenophobia. A is not mentioned.

3.4. Protección contra la victimización

Argentina (50): Establecido en el Art. 6 de la Ley de Migraciones.

Brasil: sin datos

Paraguay: sin datos

Uruguay (100): Although A is not strictly mentioned, all the rest are stablished according to the convention against racial discrimination.

3.5. Asistencia del Estado para las víctimas

Argentina (0): There is no article or statement in both Laws 23.592 and 24.515 that allude to state assistance for victims.

Brasil (50): Brasil cumple el punto a) Art. 4 IX) Ley 13.445: «Amplio acceso a la justicia y asistencia jurídica integral gratuita a los que probaran insuficiencia de recursos».

Paraguay (100): LEY N° 1.286

CÓDIGO PROCESAL PENAL Título I: Artículo 7. INTÉRPRETE. El imputado tendrá derecho a un intérprete para que lo asista en su defensa.

Cuando no comprenda los idiomas oficiales y no haga uso del derecho precedente, el juez designará de oficio un intérprete, según las reglas previstas para la defensa pública. /// Titulo II: Capítulo I: Artículo 30. DELEGACIÓN. La acción civil para la reparación del daño podrá ser delegada en el Ministerio de la Defensa Pública, por las personas que no están en condiciones socioeconómicas para demandar. El Ministerio de la Defensa Pública, a través de un defensor público, tomará a su cargo la demanda cuando quien haya sufrido el daño sea un incapaz que carezca de representante legal. La delegación constará en un acta que contenga los datos personales del delegante y que valdrá como poder especial.// LEY N° 1.286 Artículo 47: El Estado garantizará a todos los habitantes de la República: la igualdad para el acceso a la justicia, a cuyo efecto allanará los obstáculos que la impidiesen// Artículo 6–ICERD Los Estados Partes asegurarán a todas las personas que se hallen bajo su jurisdicción, protección y recursos efectivos, ante los tribunales nacionales competentes y otras instituciones del Estado, contra todo acto de discriminación racial que, contraviniendo la presente Convención, viole sus derechos humanos y libertades fundamentales, así como el derecho a pedir a esos tribunales satisfacción o reparación justa y adecuada por todo daño de que puedan ser víctimas como consecuencia de tal discriminación.

Uruguay (50): Uruguay incluye el punto a) Art. 5 I) de la Ley 17.817: «Será asimismo competencia de la Comisión Honoraria (...): Brindar un servicio de asesoramiento integral y gratuito para personas o grupos que se consideren discriminados o víctimas de actitudes racistas, xenofóbicas y discriminatorias».

3.6. Papel de las entidades legales en los procedimientos

Argentina (0): There is no article or statement in both Laws 23.592 and 24.515 that allude to the role of legal entities in proceedings.

Brasil: sin datos

Paraguay (0): Titulo III: Artículo 70. ENTES JURÍDICOS. Para presentar querella los representantes de las personas jurídicas de derecho privado deberán justificar la existencia del ente y su propia personería.

Uruguay: sin datos

3.7. Rango de acciones legales

Argentina (100): Argentina incluye los tres supuestos considerados en los Art. 6, 7, 15, 16 y 17 de la Ley 5.261.

Brasil: sin datos

Paraguay: sin datos

Uruguay: sin datos

3.8. Rango de sanciones

Argentina (50): Sanctions are imposed on both organisers of campaigns or acts that aim to vulnerate or discrimate the groups that are being reported in this document, as well as on the owners of the public and private spaces where the main articles of the Law 23.592 are not duly respected.

Brasil (0): Sanctions are clarified in LEI N° 7.716, DE 5 DE JANEIRO DE 1989. Nevertheless, the range of the santions it's not big. Only a, b and c are included. Moreover, DECRETO N° 4.886, DE 20 DE NOVEMBRO DE 2003 mentions that positive actions should be implemented.

Paraguay (0): En el código penal no se hace especial referencia a las sanciones impuestas por casos de discriminación, sin embargo se sobreentiende que todas estas medidas aplican a todos los ciudadanos paraguayos. Cabe destacar lossiguientes capítulos para el propósito de la investigación: Del título I: Capítulo II–sanciones alos hecho punibles contra la integridad Integritadad física–Capitulo IV–sanciones alos hecho punibles contra la libertad–Capítulo VII–sanciones alos hecho punibles contra el ámbito de vida y la intimidad de la persona–Caítulo VIII–sanciones alos hecho punibles contra el honor y la reputación. Título II: Hechos punibles contra los bienes de la persona. Con esto se cumplen los puntos a y b.

Uruguay: sin datos

4) POLÍTICAS DE IGUALDAD

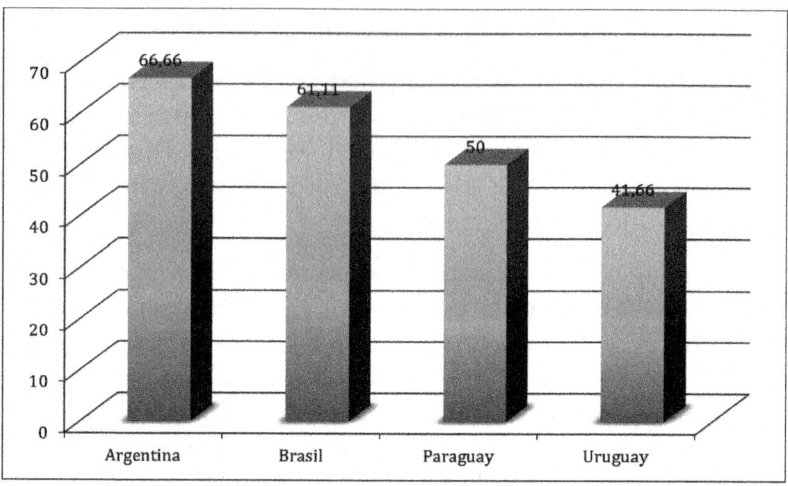

Fuente: Elaboración propia a través de los datos obtenidos en nuestra investigación utilizando la metodología MIPEX.

4.1. Mandato de un órgano de igualdad especializado

Argentina (100): En Argentina se encuentra el **Instituto Nacional contra la Discriminación, la Xenofobia y el Racismo (INADI).** Entre sus funciones se encuentran: «Brindar un servicio de asesoramiento integral y gratuito para personas o grupos discriminados o víctimas de xenofobia o racismo (...) Proporcionar al Ministerio Público y a los tribunales judiciales asesoramiento técnico especializado en los asuntos relativos a la temática de su competencia».

Brasil (100): En Brasil existe la **Secretaría de Políticas de Promoción de la Igualdad Racial (SEPPIR)**. Además de desarrollar acciones afirmativas y potenciar la implementación de políticas públicas, recibe denuncias de racismo o intolerancia religiosa (se envían a la Ouvidoria Nacional da Igualdade Racial).

Paraguay : sin datos

Uruguay (100): La Junta Nacional de Migración es el órgano encargado en esta materia, según el Art. 24 de la Ley de Migraciones.

4.2. Poderes para asistir a las víctimas

Argentina (50): El órgano encargado es el Instituto Nacional contra la Discriminación, la Xenofobia y el Racismo (INADI). Su área de dirección de asistencia a la víctima «consiste en recepcionar, registrar, evaluar, investigar y analizar todas aquellas denuncias que sean presentadas sobre conductas discriminatorias, xenófobas o racistas».

Brasil (100): El órgano encargado es la Ouvidoria Nacional da Igualdade Racial.

Paraguay: sin datos

Uruguay: sin datos

4.3. Poderes como órgano quasi-judicial

Argentina (0): TheSpecialised Body can intervene in more technical matters and can advise the victims, but has no jurisdiction over the cases that are to be reported.

(https://www.argentina.gob.ar/normativa/nacional/ley-24515-25031/actualizacion)

Brasil (100): El órgano encargado es la Ouvidoria Nacional da Igualdade Racial.

Paraguay: sin datos

Uruguay (0): The Commision (Comisión Honoraria contra el Racismo, la Xenofobia y toda otra forma de Discriminación) cannot be stated as a judicial body but as an advisory one.

4.4. Capacidad legal en los procedimientos

Argentina (100): Una de las funciones del INADI es «Promover e impulsar cuando existan suficientes evidencias y de acuerdo a lo previsto en el artículo 43 de la Constitución Nacional, las acciones judiciales y administrativas pertinentes con relación a las personas comprendidas en el inciso anterior». También lo determina el Art. 10 de la Ley 5.261: «Se encuentran legitimados/as para interponer acciones judiciales y/o administrativas por conductas u omisiones discriminatorias (...) el Instituto Nacional contra la Discriminación, la Xenofobia y el Racismo (INADI)».

Brasil (0): Art. 48. LEI Nº 12.288, DE 20 DE JULHO DE 2010. Talks about the objectives of SINAPIR but it does not make refference to whether or not it has legal standing. Moreover, accoding to the organization main documents it does not has this power.

Paraguay: sin datos

Uruguay (0): Specializaed body acts as a consultory unit for the government.

4.5. Poderes para incoar procedimientos y aplicar los resultados

Argentina (100): Entre los objetivos de INADI se encuentra «promover e impulsar cuando existan suficientes evidencias y de acuerdo a lo previsto en el artículo 43 de la Constitución Nacional, las acciones judiciales y administrativas pertinentes con relación a las personas comprendidas en el inciso anterior (...) Constatar —prima facie— la existencia en el territorio argentino de personas que durante la Segunda Guerra Mundial o que posteriormente a ella participaron en el exterminio de pueblos, o en la muerte y persecución de personas o grupos de personas a causa de su raza, religión, nacionalidad u opinión política; y cuando corresponda, efectuar las denuncias ante las autoridades competentes».

Brasil (0): Art. 48. LEI N° 12.288, DE 20 DE JULHO DE 2010. Talks about the objectives of SINAPIR but it does not make refference to whether or not it has legal standing. Moreover, accoding to the organization main documents it does not has this power.

Paraguay: sin datos

Uruguay (50): La sección K) del Art. 5 de la Ley 17.817 establece que «será competencia de la Comisión Honoraria (...): informar a la opinión pública sobre actitudes y conductas racistas, xenofóbicas y discriminatorias o que pudieren manifestarse en cualquier ámbito de la vida nacional, especialmente en las áreas de educación, salud, acción social y empleo; provengan ellas de autoridades públicas o entidades o personas privadas».

4.6. Políticas activas de información y diálogo

Argentina (100): El Art. 14 de la Ley de Migraciones establece la necesidad de: «(...) b) La difusión de información útil para la adecuada inserción de los extranjeros en la sociedad argentina, en particular aquella relativa a sus derechos y obligaciones; c) conocimiento y la valoración de las expresiones culturales, recreativas, sociales, económicas y religiosas de los inmigrantes; d) La organización de cursos de formación, inspirados en criterios de convivencia en una sociedad multicultural y de prevención de comportamientos discriminatorios, destinados a los funcionarios y empleados públicos y de entes privados».

El INADI es un órgano descentralizado perteneciente al Ministerio de Justicia y Derechos Humanos. Llevó a cabo una campaña llamada «Soy migrante» en 2017 para la lucha contra la discriminación. También tiene como funciones «informar a la opinión pública sobre actitudes y conductas discriminatorias, xenofóbicas o racistas que pudieran manifestarse en cualquier ámbito de la vida nacional, especialmente en las áreas de educación, salud, acción social y empleo (...) diseñar e impulsar campañas educativas tendientes a la valorización del pluralismo social y cultural, y a la eliminación de actitudes discriminatorias, xenofóbicas o racistas».

Los Arts. 18, 19 y 20 de la Ley 5.261 hacen referencia a la «Difusión por medios gráficos y audiovisuales. El Poder Ejecutivo de la Ciudad Autónoma de Buenos Aires, articulará las medidas destinadas a la promoción de los principios y derechos reconocidos en la presente ley (...), El Ministerio de Educación de la Ciudad de Buenos Aires, en coordinación con la autoridad de aplicación, arbitrará los medios para difundir en la educación de gestión estatal y privada, el conocimiento de los principios establecidos en la presente Ley y de los procedimientos de denuncia previstos ante actos u omisiones discriminatorias Las autoridades máximas de todos los poderes y niveles de gobierno, considerando los lineamientos que provea la autoridad de aplicación, arbitrarán los medios para capacitar a funcionarios/as y empleados/as públicos/as en los principios de la presente ley, y en los procedimientos previstos para la denuncia de actos discriminatorios».

Brasil (100): DECRETO Nº 4.886, DE 20 DE NOVEMBRO DE 2003. It is not the government who directly has this tasks. "The Special Secretariat for Policies to Promote Racial Equality has been delegated the responsibility to strengthen the social role of specific segments, ensuring access for the black population and society in general to information and ideas that contribute to changing the collective mentality regarding the pattern of racial relations established in Brazil and in the world." Neverthless, this law provides that the state must "inform the Brazilian population about the problems arising from racial inequalities, as well as the policies implemented to eliminate such inequalities, through the media, the promotion of national anti-discrimination campaigns, by disseminating the results of successful experiences in the field of promoting racial equality. I encourage the creation and expansion of forums and networks that not only participate in the implementation of policies to promote racial equality but also in its evaluation at all levels." Furthermore, the National Government must actively work against racism. "Participação do governo brasileiro na luta contra o racismo e a discriminação racial, em todos os fóruns e ações internacionais."

Paraguay: sin datos

Uruguay (50): Only A is mentioned in the "DECLARACION DE INTERES NACIONAL. LUCHA CONTRA EL RACISMO LA XENOFOBIA Y TODA OTRA FORMA DE DISCRIMINACION"

Argentina (50): The implication regarding ensuring the compliance of this legislation entails a more symbolic role that leads to the organisation interacting with the different actors that belong to any of the national political, judicial and legislative branches. https://www.argentina.gob.ar/normativa/nacional/ley-24515-25031/actualizacion

Brasil (50): It is the executive power who works in creating and implementing the Política Nacional de Promoção da Igualdade Racial (PNPIR) and its the Special Secretariat for Policies to Promote Racial Equality who is responsible for coordinating the actions and institutional articulation necessary to implement the PNPIR.

Paraguay: sin datos

Uruguay (50): A is not found in repositories. Commision (Comisión Honoraria contra el Racismo, la Xenofobia y toda otra forma de Discriminación) works as a consultory unit with Government.

4.7 Public bodies obliged to promote equality

Argentina (100): Scholarships and projects are encouraged from the organisation, which main labour is promotional and which seeks to lead the debate amongst the public opinion.

Scholarships and projects are encouraged from the organisation, which main labour is promotional and which seeks to lead the debate amongst the public opinion.

Brasil (50): EI Nº 12.288, DE 20 DE JULHO DE 2010. Art. 2o É dever do Estado e da sociedade garantir a igualdade de oportunidades, reconhecendo a todo cidadão brasileiro, independentemente da etnia ou da cor da pele, o direito à participação na comunidade, especialmente nas atividades políticas, econômicas, empresariais, educacionais, culturais e esportivas, defendendo sua dignidade e seus valores religiosos e culturais.

Paraguay (50):

Artículo 1. Obligación de Respetar los Derechos.

1. Los Estados Partes en esta Convención se comprometen a respetar los derechos y libertades reconocidas en ella y a garantizar su libre y pleno ejercicio a toda persona que esté sujeta a su jurisdicción, sin discriminación alguna por motivos de raza, color, sexo, idioma, religión, opiniones políticas o de cualquier otro índole, origen nacional o social, posición económicas, nacimiento o cualquier otra condición social. 2. Para los efectos de esta Convención, persona es todo ser humano. Artículo 2. Deber de Adoptar Disposiciones de Derecho Interno. Si el ejercicio de los derechos y libertades mencionados en el Artículo 1 no estuviere ya garantizado por disposiciones legislativas o de otro carácter, los Estados Partes se comprometen a adoptar, con arreglo a sus procedimientos constitucionales y a las disposiciones de esta Convención, las medidas legislativas o de otro carácter que fueren necesarias para hacer efectivos tales derechos y libertades.

Uruguay: sin datos

Argentina (0): There is no article or statement in both Laws 23.592 and 24.515 that allude tangible positive action measures (https://www.argentina.gob.ar/normativa/nacional/ley-24515-25031/actualizacion)

Brasil (50):_Art. 4. LEI N° 12.288, DE 20 DE JULHO DE 2010. Paragraph 1. Affirmative action programmes shall constitute public policies aimed at to repair the social distortions and inequalities and other discriminatory practices adopted in the spheres public and private, during the process of social formation of the country.

Paraguay (50):_Artículo 46–DE LA IGUALDAD DE LAS PERSONAS

Todos los habitantes de la República son iguales en dignidad y derechos. No se admiten discriminaciones. El Estado removerá los obstáculos e impedirá los factores que las mantengan o las propicien.

Las protecciones que se establezcan sobre desigualdades injustas no serán consideradas como factores discriminatorios sino igualitarios.

Uruguay: sin datos

4. Residencia permanente y nacionalidad en países del MERCOSUR[4]

MIPEX es un índice que mide cuánto facilitan determinadas políticas públicas la integración de los inmigrantes en diferentes sociedades de acogida. Un total de ocho tipos de políticas son las que cubre esta herramienta. En relación con algunas de estas, se pueden realizar fácilmente ejercicios de comparación entre las leyes y los programas que atienden a colectivos nativos y aquellos que regulan la vida de inmigrantes (como en el caso de las que se centran en mercado de trabajo, participación política, antidiscriminación y la recepción de servicios sanitarios y educativos). En otros casos, las políticas intentan responder a situaciones que son propias de la realidad de los grupos inmigrantes. Lo último es lo que sucede, por ejemplo, con el acceso a la reunificación familiar, la residencia permanente y la nacionalidad.

En este artículo se describen brevemente, utilizando ejemplos del Cono Sur latinoamericano, dos políticas que pertenecen al segundo grupo mencionado. Lo ideal en materia de regulación de la figura de residencia permanente, según estiman los creadores de MIPEX, es que los inmigrantes, poco después de arribar a la sociedad de acogida, puedan acceder a tal estatus mediante un proceso corto, cercano a la gratuidad y en el que exista la posibilidad de apelar. Esto puede suceder

---

4 Este apartado fue publicado originalmente en la versión digital de la revista Diálogo Político.

si los newcomers cumplen ciertos requisitos como sujeción a la ley local, posesión de un ingreso estable y, en ciertos casos, solvencia en la lengua vernácula. Cuando se logra la residencia permanente, excepto en el terreno político, inmigrantes y nativos cuentan con los mismos derechos y obligaciones.

En el caso argentino, según informa su Dirección Nacional de Migraciones (2018), el paso hacia la residencia permanente no es inmediato. Dos años de residencia temporaria son necesarios para naturales del Mercosur y países sudamericanos asociados. El total de años asciende a tres para aquellos extranjeros procedentes de fuera de este espacio geográfico. Estos tiempos de espera desparecen para quienes son familiares (cónyuges, padres e hijos) de ciudadanos argentinos (nativos o naturalizados) o residentes permanentes.

Los requisitos documentales exigidos por la legislación argentina no parecen ser excesivos cuando se comparan con los estándares internacionales. Se centran fundamentalmente en comprobar que el aspirante haya cumplido con la ley en los países en los que residió anteriormente. Esto se hace mediante la entrega de certificación de antecedentes penales y la verificación del ingreso legal al territorio nacional. Por otra parte, se controla su nivel de integración en la sociedad de acogida a través de la posesión de una única factura de servicios públicos a su nombre o, en su defecto, un certificado de empadronamiento. Los requisitos económicos, aunque no se encuentran muy alejados de los parámetros internacionales, sí son elevados. Se exigen 158 dólares para extranjeros procedentes de países no pertenecientes al Mercosur. Esta suma desciende a los 80 dólares para quienes son nacionales del Mercosur y de países sudamericanos asociados. En ambos casos, el pago de tales cantidades da derecho también a la expedición del documento nacional de identidad para foráneos.

Una segunda política típicamente vinculada a la realidad de los inmigrantes es la vinculada al acceso a la nacionalidad del país de acogida. Esta debe materializarse idealmente, según describen los creadores de MIPEX, cuando los inmigrantes que posean planes de residencia futura en las sociedades de destino reciban de parte del sistema político el apoyo para naturalizarse y participar de la vida pública. La naturalización debe tener lugar tras haber transcurrido cinco años de residencia en el país escogido como nuevo hogar y una vez que se cumplimenten requisitos tales como la no posesión de antecedentes penales y la aprobación de cursos o exámenes de lengua vernácula y rasgos cívicos locales. El haber pasado este proceso de obtención de la nacionalidad garantiza que los naturalizados posean los mismos derechos que ostentan los nativos. En este escenario óptimo, todos los inmigrantes naturalizados pueden conservar su nacionalidad de origen, es decir, pueden tener la doble nacionalidad. Al mismo tiempo, los hijos de extranjeros nacidos en el territorio de la sociedad de destino adquieren, vía ius soli, la nacionalidad de la nueva nación.

En el caso uruguayo, según informa su Corte Electoral (2018), el proceso de conversión de un individuo extranjero en ciudadano legal, desde el punto de vista de los tiempos, responde al escenario óptimo antes descrito. Quienes desean adquirir la ciudadanía legal uruguaya sin haber constituido familia en el país de acogida necesitan cinco años de residencia. Este requisito temporal se limita a los tres años para quienes sí han constituido este grupo familiar. En tanto, existe una vía express, escasamente utilizada, a través de la cual se concede la ciudadanía legal de manera extraordinaria por haber prestado servicios notables a la sociedad receptora o contar con méritos destacables.

Desde el punto de vista económico, la gratuidad del trámite facilita su realización. La prueba documental exigida es prudente y, por la naturaleza de lo demandado, la presentación de un documento acreditativo de un requisito basta para la comprobación de otros requisitos. Concretamente, se requiere certificación que justifique autorización para residir en el país, nacionalidad de origen, edad, identidad, tipo de residencia, arraigo, buena conducta y apego por las normas democráticas. El arraigo es justificado mediante «documento público o privado que acredite que el solicitante posee capital en giro, industria, propiedad en el país o que profesa alguna ciencia, arte u oficio». La adhesión a las normas democráticas se comprueba mediante prueba bajo juramento y declaración de testigos.

Otro elemento que acerca a Uruguay al escenario ideal es el que permite que los hijos de extranjeros nacidos en territorio oriental obtengan, mediante ius soli, la nacionalidad y ciudadanía natural del país anfitrión. Este supuesto no tiene lugar cuando los progenitores desempeñan tareas vinculadas al servicio diplomático (excepción prevista por la legislación de la mayoría de los países del mundo). Sin embargo, existen dos ítems que alejan al país sudamericano de las buenas prácticas previstas por los arquitectos del índice MIPEX. Uno es el vinculado al ejercicio de los derechos políticos. A diferencia de lo que acontece en la mayoría de los países occidentales, el acceso a la ciudadanía legal (a través de naturalización) en Uruguay no da acceso al derecho a voto. Para ello, que se concreta con la recepción de la credencial cívica (o inscripción en el Registro Cívico Nacional), debe esperarse un periodo de tres años. Esto provoca que, durante un tramo temporal, nativos y naturalizados no posean exactamente los mismos derechos.

Otro elemento que aleja a Uruguay de buenas prácticas internacionales es la regulación de la doble nacionalidad de los ciudadanos legales. En principio, es posible conservar la nacionalidad de origen (excepto que el país del que se procede no lo permita) cuando se adquiere este estatus jurídico. Sin embargo, existen restricciones para la adquisición de nuevas nacionalidades cuando el estatus mencionado ya ha sido adquirido (restricción que no existe para los nacionales/ciudadanos naturales). En tal sentido, el artículo 81 de la Constitución afirma que «la ciudadanía legal se pierde por cualquier otra forma de naturalización ulterior».

En las dos dimensiones analizadas, se ha visto que estos dos países latinoamericanos, aunque con limitaciones que requieren ser superadas, se acercan a los regímenes entendidos como ideales por los artífices de MIPEX. En nuestra próxima contribución, con el análisis de otras dos políticas públicas, se continuará explorando cómo los países que son miembros originarios del Mercosur están favoreciendo (o no) la integración de los inmigrantes en las sociedades de acogida. La realización de este ejercicio reflexivo permite contrastar (y, eventualmente, verificar o desestimar) la idea que se posee sobre estos sistemas políticos como poco hostiles a la inmigración con la acción política real con foco en el colectivo de origen extranjero.

5. ¿Permiten los estados fundadores del MERCOSUR la participación política de inmigrantes?[5]

MIPEX es una herramienta que evalúa las políticas públicas desarrolladas en la generalidad de países occidentales, incluida por completo la Unión Europea y tradicionales sociedades receptoras (anglosajonas). También, incorpora Estados recientemente convertidos en destino de flujos migratorios (Corea del Sur, Turquía o Japón). Normas y políticas son evaluadas en función de cuánto contribuyen a la integración de la población migrante en los territorios de acogida. El índice está compuesto por 167 indicadores que cubren ocho grandes categorías de políticas públicas que abarcan temas tales como la discriminación a la población migrante, la facilidad de acceso a los servicios de salud o para la obtención de la residencia permanente, entre otros.

Una de las grandes categorías es la participación política, la cual incluye medidas como la información que reciben los migrantes sobre sus derechos, las opciones de voto que tienen o la posibilidad de asociación que les brinda el país en concreto. Para los investigadores del MIPEX, la ordenación ideal de la categoría participación política es aquella que dota a los migrantes de las mismas libertades civiles que a los nacionales del país de acogida: se debe permitir la participación electoral una

---

5 En este apartado, ha colaborado en la redacción Cristina Calvo (Universidad Pontificia Comillas).

vez adquirida la residencia permanente, así como la dirección de órganos asesores en materia de inmigración. Además, el Estado debe proporcionar de forma activa información sobre sus derechos políticos y promover el surgimiento de una sociedad civil inmigrante.

En el presente artículo se examina sintéticamente, el desarrollo de esta categoría en los países fundadores del Mercosur (Argentina, Brasil, Paraguay y Uruguay). Para ello, se han consultado cinco indicadores: las políticas activas de información, la financiación que ofrece el Estado de acogida a las organizaciones de inmigrantes, el derecho de asociación que tienen, la posibilidad de afiliación a partidos políticos y la existencia o no de órganos consultivos para inmigrantes.

En referencia a las políticas de información dirigidas a grupos de inmigrantes, tan solo encontramos la promoción de campañas informativas dirigidas en la República Argentina, tal como indica el artículo 9 de su Ley de Migraciones. No existe evidencia clara de iniciativas similares en el resto de los Estados.

La financiación que se facilita a las organizaciones de migrantes es inexistente en Brasil y Uruguay. Por el contrario, Argentina contempla en el artículo 106 de su Ley de Migraciones una potencial ayuda al movimiento asociativo de inmigrantes, dentro de la cual cabría la ayuda económica. Paraguay no hace una referencia tan clara en su legislación, pero el párrafo 84 de su Política Nacional de Migraciones alude al deber de prestar atención a las organizaciones de inmigrantes con respecto a su participación política.

Al respecto del derecho de asociación, la práctica de los cuatro Estados permite tener una perspectiva mucho más optimista sobre las políticas migratorias. Brasil reconoce este derecho en el artículo 4 de su ley 13445 de Migración y, más allá del derecho de asociación, también se reconocen los derechos a participar en sindicatos y protestas políticas (Borges Delfim,

2017). Paraguay lo recoge en su Plan de Política Migratoria, pero también lo reconoce el artículo 42 de su Constitución, cuando se refiere al derecho de toda persona a asociarse. Uruguay reconoce la igualdad en derechos y obligaciones de los inmigrantes con los nacionales, en el artículo 7 de su ley 16250 de Migración, y el derecho de asociación de toda persona, en el artículo 39 de su Constitución. Argentina, por su parte, prevé en el artículo 20 de su Constitución la igualdad en derechos civiles entre extranjeros y ciudadanos, y en el artículo 16, el derecho de toda persona a asociarse libremente.

A pesar de que la regulación de la afiliación a partidos políticos por los inmigrantes no está del todo clara, y aunque en Argentina no se permite el ejercicio de derechos políticos a nivel nacional, sí que pueden ser concedidos a nivel infraconstitucional (Begala, 2013). Numerosas provincias y ciudades lo garantizan y promueven. Paraguay reconoce en su Constitución el derecho de participación en las elecciones municipales a los residentes permanentes (artículo 120), y de asociación libre en partidos y movimientos políticos para ciudadanos (artículo 125). Uruguay es el Estado que muestra un mayor avance a este respecto, puesto que reconoce en el artículo 78 de su Constitución el derecho al sufragio de extranjeros con residencia habitual de quince años, sin necesidad de obtener la ciudadanía legal. Por último, Brasil apenas hace referencia a este respecto, impidiendo mediante el artículo 14.2 de su Constitución el alistamiento de extranjeros como electores.

La existencia o no de órganos consultivos difiere mucho de unos Estados a otros. La Ley de Migraciones argentina prevé que el Gobierno debe facilitar la consulta o participación de extranjeros (artículo 11 de la Ley de Migraciones). En Brasil existe, a nivel local, el Consejo Municipal de Inmigrantes de San Pablo, que promueve la defensa de derechos de los inmigrantes así como la implementación de políticas municipales referentes a este colectivo. Paraguay tan solo se refiere a estos órganos cuando reconoce las organizaciones de inmigrantes en su Política Nacional de Migraciones. En tanto, Uruguay promueve los órganos consultivos para uruguayos en el extranjero (artículo 74 de la ley 18250) y no contempla explícitamente un equivalente para extranjeros en Uruguay.

Tras esta breve exposición, podemos comprobar que los cuatro Estados fundadores del Mercosur difieren en el cumplimiento de las expectativas del MIPEX según nos refiramos a una política u otra. Mientras que el derecho de asociación está prácticamente garantizado en los cuatro Estados, no lo están así las políticas informativas, la financiación a organizaciones de inmigrantes, la apuesta por órganos consultivos o la posibilidad de afiliación a partidos políticos. Confiemos en que aquello que afirmaba el líder cubano José Martí en su famoso poema ¡No hay casa en tierra ajena! quede en nada más que en un recuerdo del pasado y que los Estados latinoamericanos apuesten por incrementales políticas migratorias de integración y aceptación del extranjero.

6. Patrones emergentes

Como se ha comentado a lo largo del texto, MIPEX es un índice que mide cuánto facilitan determinadas políticas públicas la integración de los inmigrantes en diferentes sociedades de acogida. Un total de ocho tipos de políticas son las cubiertas por esta herramienta. En relación a algunas de éstas, la realización de ejercicios de comparación entre las leyes y los programas que atienden a colectivos nativos y aquellos que regulan la vida de inmigrantes es fácilmente realizable (como en el caso de las que se centran en mercado de trabajo, participación política, anti-discriminación y la recepción de servicios sanitarios y educativos). En otros casos, las políticas intentan responder a situaciones que son propias de la realidad de los grupos inmigrantes. Lo último es lo que sucede, por ejemplo, con el acceso a la reunificación familiar, la residencia permanente y la nacionalidad. En relación a estos ámbitos, se presenta en estas líneas una gradación no definitiva del desempeño de los países originarios del Mercosur.

En términos globales, **Uruguay** es el país que lidera el ranking regional (65 puntos). A pesar de lo restrictivo de su ley de acceso a la nacionalidad, la lógica expansiva de reconocimiento de derechos que ha marcado la vida reciente del antiguo estado cisplatino es la pauta también en materia de integración de inmigrantes. El liderazgo de este estado viene dado, sobre todo, por las ventajas que sus políticas brindan a los extranjeros en materia de acceso al mercado de trabajo y de inserción al sistema educativo (con la existencia, por ejemplo, de *one stop shops* para uso exclusivo de este público).

Argentina, el otro país en la región con clara tradición inmigratoria, es quien le va en zaga (62 puntos). En ambos casos, parecería que existe cierto "*path dependence*": sus legislaciones y políticas públicas parecen estar dotadas de un modo histórico de pensar y de ejecutar acciones que resulta claramente más amigable (abierto) para con los extranjeros. Este estado rioplatense presenta una performance destacada en dos áreas de políticas públicas. Una de ellas es la vinculada a la participación política. En ello influye, claramente, su carácter federal: numerosos distritos provinciales y locales permiten el sufragio activo y pasivo de los individuos de origen inmigrante. La segunda de las áreas en la que ostenta una situación privilegiada es en materia sanitaria, en la que existiría un acuerdo entre partidos políticos que, con independencia de su signo ideológico, apoya entre otros elementos la gratuidad de acceso de todo habitante al sistema de salud (incluyendo, lógicamente, a aquellos que poseen otras nacionalidades).

Paraguay, con 54 puntos, es el tercer país en el podio mercosureño. Son dos las áreas de políticas públicas en las que se ubica en un segundo lugar en el ámbito regional. Por un lado, se encuentra la vinculada a la facilitación de la participación política de los inmigrantes (permitida para todos los extranjeros radicados definitivamente a partir de los 18 años). Por otro lado, se halla la relacionada a la aceleración de los tiempos para que los inmigrantes accedan al status de residencia permanente. En relación a este último punto, es importante mencionar que los solicitantes tienen el derecho de aplicar directamente al cambio de categoría de no residente a residente permanente. Esto puede ser hecho sin necesidad de poseer ningún tipo de radicación precedente (temporaria) en la nación guaraní.

Finalmente, se encuentra **Brasil** con 44 puntos. Su *performance* es la peor de las cuatro en todas las áreas de políticas excepto en salud y en reunificación familiar. De hecho, es el estado que lidera este último valor. Ello es debido a que su legislación es avanzada en este punto. La misma permite invitar a residir en territorio brasilero no sólo a cónyuges sino también a concubinos. A su vez, pueden ser reagrupados los hijos con independencia de su edad como así también de su nivel de dependencia. Quienes pueden llamar a sus familiares en el exterior no están obligados tampoco a haber permanecido un tiempo concreto/específico en territorio brasilero.

Es importante destacar que todos los patrones que aquí se han mencionado son preliminares. La existencia, a nivel de estos estados, de leyes de acceso a la información pública ha facilitado la consecución de ciertos datos. Sin embargo, debe destacarse que aún falta recibir información por parte de diferentes agencias de gobierno en los cuatro países investigados. Esta carencia de información resulta notoria en materia de políticas antidiscriminación. Aunque difícilmente la nueva información a procesar provoque cambios significativos en relación a lo aquí descrito, es importante considerar con cautela la evidencia empírica aquí reseñada.

7. Conclusiones

Los hallazgos de este estudio representan una contribución pionera en el análisis comparado de políticas de integración migratoria en el contexto latinoamericano, utilizando una herramienta de medición estandarizada como el MIPEX. La aplicación del índice a los países fundadores del Mercosur ha permitido visibilizar avances relevantes en materia de reconocimiento formal de derechos, así como identificar brechas normativas, vacíos institucionales y desafíos en la implementación de políticas públicas efectivas para la integración.

En términos generales, puede afirmarse que los marcos legislativos de Uruguay, Argentina, Paraguay y Brasil recogen, al menos de forma nominal, principios de igualdad de trato, acceso a derechos y no discriminación para las personas migrantes. Sin embargo, la profundidad y alcance de estas disposiciones varía significativamente entre países y entre dimensiones analizadas. Por ejemplo, mientras que Uruguay y Argentina obtienen puntajes altos en materia de acceso al mercado laboral y ciudadanía, Paraguay muestra mayores fortalezas en participación política y Brasil en reunificación familiar. Esta diversidad de enfoques refleja trayectorias institucionales distintas, pero también evidencia la ausencia de un marco común regional en materia de integración.

Uno de los principales aportes del presente trabajo ha sido identificar la necesidad de adaptar ciertos indicadores del MIPEX para hacerlos más pertinentes en contextos latinoamericanos. Las realidades institucionales, los niveles de desarrollo de los sistemas de bienestar, la segmentación del mercado laboral y las características demográficas de la migración en la región exigen una revisión crítica de los instrumentos de medición diseñados para otras geografías. Por ejemplo, el acceso a becas y programas de formación profesional muestra una implementación limitada, especialmente en Paraguay y Brasil, mientras que las políticas de reconocimiento de títulos profesionales aún presentan obstáculos burocráticos importantes en los cuatro países que son miembros originarios del Mercosur. Asimismo, la falta de políticas específicas orientadas a mujeres migrantes y jóvenes evidencia un déficit de enfoque interseccional.

Otro elemento destacable es la débil presencia de estrategias de integración económica y social post-arribo, así como la ausencia de políticas de información activa que orienten a los migrantes en su inserción. Estos vacíos afectan especialmente a los colectivos en situación de mayor vulnerabilidad, dificultando procesos efectivos de integración y aumentando el riesgo de exclusión estructural. En este sentido, la integración no puede reducirse a la igualdad formal en el acceso a servicios, sino que debe ser entendida como un proceso activo, sostenido y multidimensional, que requiere voluntad política, recursos públicos y coordinación interinstitucional.

Este volumen no habría sido posible sin el respaldo de dos instituciones clave. Agradecemos especialmente a la Universidad Pontificia Comillas, cuyo apoyo financiero resultó fundamental para llevar adelante la publicación. Asimismo, extendemos nuestro reconocimiento al prestigioso sello editorial Tirant lo Blanch, incluido en el cuartil Q1 del ranking SPI del CSIC, por su compromiso con la difusión del conocimiento y por acoger esta obra en su catálogo editorial.

Los resultados obtenidos en esta investigación pueden servir de insumo valioso para los gobiernos de la región, las organizaciones de la sociedad civil, las agencias internacionales y los centros académicos comprometidos con el fortalecimiento de políticas de inclusión. La construcción de una agenda de integración basada en evidencia, inspirada en principios de justicia social y orientada a la mejora continua de las políticas públicas, debe ser un objetivo compartido. Para ello, se recomienda avanzar en la creación de mecanismos regionales de evaluación, intercambio de buenas prácticas y armonización de estándares, tomando como base metodologías como el MIPEX adaptadas a los contextos locales.

En definitiva, este estudio inaugura una línea de trabajo que merece ser profundizada[6]. La aplicación del MIPEX en América Latina no debe entenderse como un ejercicio meramente técnico, sino como una herramienta para interpelar a los Estados sobre sus responsabilidades en la construcción de sociedades más justas e inclusivas. El desafío no es menor: transformar los derechos reconocidos en papel en condiciones reales de igualdad, participación y pertenencia para todas las personas migrantes.

---

6 Producto del trabajo de los autores de este manuscrito, se ha elaborado otro breve libro (publicado desde la Fundación Cidob) que intenta descifrar idénticos valores en más países de la región. El mismo se encuentra disponible en el siguiente link: https://dialnet.unirioja.es/servlet/libro?codigo=789996. Los autores de estas líneas también han incursionado en la aplicación del índice para la región centroamericana. Los hallazgos derivados de este ejercicio estarán disponible próximamente.

8. Bibliografía

Begala, S. (2013). «Migrantes en Argentina: Inclusión diferencial y ciudadanías jerarquizadas», Anuario del CJIS.

Biderbost, P. y Núñez, M. E. (2018). «Del Río de la Plata al Orinoco y viceversa. Patrones y flujos migratorios entre Argentina y Venezuela». En Koechlin, J. y Eguren, J. (eds.). Migraciones venezolanas. Lima: Universidad Antonio Ruiz de Montoya (en prensa).

Bolzman, C., & Gallego Sánchez, C. (2017). Políticas de integración, derechos humanos y MIPEX: una tipología. Miscelanea Comillas-Revista de ciencias humanas y sociales.

Borges Delfim, R. (2017). «12 preguntas y respuestas sobre la nueva Ley de Migración», Brasil de Fato.

Boscán, G., Biderbost, P. N., & Granados, C. (2020). Inmigración, políticas públicas y derechos humanos en América Latina. Detección de patrones a partir de la aplicación del índice MIPEX. In Derechos humanos y migraciones: una mirada interdisciplinaria (pp. 91-116). Tirant lo Blanch.

Carpio, C. C. (2010). ¿ Prevalece la dimensión económica en la integración de la persona migrante? La medición de la integración en el MIPEX. In ICE (p. 79).

Corte Electoral de la República Oriental del Uruguay (2018). «Requisitos para la ciudadanía legal».

Dirección Nacional de Migraciones de la República Argentina (2018). «Requisitos para acceder a la residencia».

Gregurović, M. (2021). Integration policies and public perceptions of immigrants in Europe: ESS meets MIPEX in the aftermath of the European "migration crisis". Revija za sociologiju, 51(3), 347-380.

Huddleston, T., Bilgili, Ö., Joki, A. L., & Vankova, Z. (2015). Migrant integration policy index 2015.

Ingleby, D., Petrova-Benedict, R., Huddleston, T., & Sanchez, E. (2019). The MIPEX health strand: a longitudinal, mixed-methods survey of policies on migrant health in 38 countries. European journal of public health, 29(3), 458-462.

Juan, L. G. (2013). Las medidas de integración de inmigrantes en el MIPEX:¿ Supone España un obstáculo en el avance hacia un sistema común de indicadores?. Revista Internacional de Doctrina y Jurisprudencia, (4).

Palop Garcia, P. (2017). Ausentes, pero representados: mecanismos institucionales de representación de emigrantes en América Latina y el Caribe.

Pasetti, F., & de Montserrat, C. C. (2020). Las políticas de integración en España según el índice MIPEX. Notes internacionals CIDOB, (244), 1-7.

Pasetti, F., de Montserrat, C. C., Blouin, C., Herrera, G., Tolosa, I. D., Valenzuela-Moreno, K., ... & Jaramillo, V. (2021). MIPEX 2020 y las políticas de integración migrante en América Latina. MIPEX 2020 y las políticas de integración migrante en América Latina.

Pedroza, L., y Palop-García, P. (2017). «The grey area between nationality and citizenship: an analysis of external citizenship policies in Latin America and the Caribbean», Citizenship Studies, vol. 21, n.º 5, pp. 587-605.

Ruedin, D. (2011). The reliability of MIPEX indicators as scales.

Ruedin, D. (2015). Increasing validity by recombining existing indices: MIPEX as a measure of citizenship models. Social Science Quarterly, 96(2), 629-638.

Sandonato de León, P. J. (2008). Nacionalidad y extranjería en el Uruguay. Un estudio normopolítico. Revista de Derecho: Publicación de la Facultad de Derecho de la Universidad Católica de Uruguay, (3), 175-243.

Sebastiani, L. (2017). Visibilizar, medir y evaluar las políticas de integración de inmigrantes. El caso del MIPEX. ANDULI, Revista Andaluza de Ciencias Sociales, (16), 133-155.